Vom Falschgeldsystem zum freien Marktgeld

# Gerd-Lothar Reschke

# Vom Falschgeldsystem zum freien Marktgeld

### Warum nur ein vollständig wertgedecktes Geld dauerhaft Wohlstand und Frieden bewahrt

Engelsdorfer Verlag

**Bibliographische Information Der Deutschen Bibliothek**
Die Deutsche Bibliothek verzeichnet diese Publikation in der
Deutschen Nationalbibliographie;
detaillierte bibliographische Daten sind im Internet über
http://dnb.ddb.de abrufbar.

Copyright (2011) Engelsdorfer Verlag
www.engelsdorfer-verlag.de
Alle Rechte bei Gerd-Lothar Reschke

Gesetzt in der Adobe Garamond mit Quark XPress
Printed in Leipzig, Germany (EU)

ISBN: 978-3-86268-217-1

www.radio-reschke.de
www.selbsthilfe-wiki.com

*Um die dunkle Welt der Bankiers zu verstehen, benötigt man das Denken eines Detektivs auf der Suche nach einem Kriminellen.*

J. S. Kim

# INHALTSVERZEICHNIS

# Teil 2

Epilog

# EINLEITUNG

*Es ist schwieriger, eine vorgefaßte Meinung zu zertrümmern, als ein Atom.*

Albert Einstein

## ZWEI FRAGEN

Wenn ich einen Vortrag zu einem beliebigen Einzelthema des Bereichs Geld bzw. Geldsystem halten würde, wäre es sicher ein guter Anfang, diesen mit zwei einfachen Fragen einzuleiten. Da ich mich aber nur schriftlich artikuliere, möchte ich dasselbe hier tun. Die Fragen lauten:

1. *Was ist eigentlich Geld? Haben Sie darüber einmal wirklich nachgedacht? Ist Geld ein äquivalentes Tauschmittel für einen Wert? Nein, das ist es nicht, denn wie könnte dann entsprechend unserem heutigen Geldsystem von den Banken Fiat-Geld, also „Geld aus dem Nichts" geschaffen werden? Aber was ist unsere heutige Art Geld dann?*

2. *Mittlerweile ist jedermann bekannt, daß Staaten wie die USA oder die Bundesrepublik Deutschland mit mehreren Billionen Dollar verschuldet sind. Bei wem sind sie denn verschuldet? D.h. wer ist derjenige, der diese riesigen, unvorstellbar großen Zahlen an Kapital, das auf der einen Seite als Schuld existiert, als Guthaben bzw. als Wohlstand und Reichtum zu beanspruchen hat? Haben Sie auch darüber einmal nachgedacht?*

Interessanterweise ist die Antwort auf beide Fragen dieselbe. Unsere heutige Art von Geld (nicht Geld generell, wohlgemerkt!) ist nicht Wertspeicher bzw. Transfermittel für Werte, sondern es ist Teil eines verdeckten Umverteilungsspiels, das mit fast allen Menschen dieser Erde zu deren Ungunsten gespielt wird. Durch eine ganz spezielle Konstruktion unseres heutigen Geldsystems, die von vornherein von ihren Erfindern geschickt ausgetüftelt und geheim gehalten worden ist, wird in dem Moment, wo Sie mit dieser Art Geld zu tun haben, ein leiser und unmerklicher Mechanismus in Gang gesetzt, bei dem ständig ein Teil des von Ihnen eingebrachten Wertes zum Schöpfer des Systems abfließt, der quasi seinen „Tribut" für die Nutzung des Geldes bei Ihnen abkassiert. Warum das so ist und wie das genau funktioniert, versteht aber nur, wer hinter die Kulissen dieses Systems und seiner versteckt eingebauten Tricks schaut.

Deshalb tut Aufklärung zu diesen Fragen not. Ich fordere Sie, den Leser oder die Leserin dieser Seiten, auf, mit mir zusammen anhand der auf den weiteren Seiten vorgetragenen Gedankengänge näher nach dem verborgenen Geheimnis unseres heutigen Fiat-Geldes („Geldes aus dem Nichts") zu forschen und dieses so zu lüften, daß Sie nicht mehr auf oberflächliches Hörensagen und Nachplappern der in der Öffentlichkeit verbreiteten Fehlinterpretationen hereinzufallen brauchen. Machen Sie sich bitte auf verblüffende Erkenntnisse gefaßt, nach denen für Sie nichts mehr so bleibt, wie es vorher war!

## Aufklärung statt vernebelndem Spezialistenjargon

Alle Gedankengänge dieses Buches haben *Aufklärung* im Sinn, und deshalb wird ganz bewußt keine Ökonomen-Fachsprache benutzt, sondern an den gesunden Menschenverstand appelliert. Denn bereits hier scheiden sich die Geister! Diejenigen, die das System ungedeckten Geldes ersonnen haben und davon insgeheim profitieren, konnten dies nur aufgrund von Vernebelung und pseudowissenschaftlicher Verbrämung tun. Und: Ohne die Unterstützung willfähriger „Experten", die eben *nicht* wissenschaftlich dachten und denken, sondern voreingenommen sind und abweichende Sichtweisen aus ihren Institutionen und Disziplinen herausgemobbt haben, wäre es nicht so leicht dazu gekommen.

Die Verkomplizierung der Sprache und der Gedankengänge hat nicht den Zweck echter Wissenschaft, sondern soll trennen in Spezialisten und gemeines Volk. Einfache, jedermann sofort verständliche Unterschiede z.B. von ungedecktem und gedecktem Geld, Schuld oder Guthaben, Wert oder Unwert sollen verwischt und als schwerverständlich suggeriert werden. Genau dagegen richtet sich dieses Buch, und genau deshalb ist es nicht im Spezialistenchinesisch geschrieben. Damit werden sich nun wiederum diejenigen vor den Kopf gestoßen fühlen, die behaupten, ausschließlich wissenschaftliche Belege anzuerkennen — womit sie genau das meinen, was sich heute als Mainstream breitgemacht hat. Wenn diese Leute so wissenschaftlich denken, wie sie behaupten, dann mögen sie bitte erklären: Wie kam es, daß *praktisch alle Mainstream-Ökonomen* die Finanzkrise von 2007 und 2008 nicht vorhersagen konnten, ja diese sogar noch wenige Wochen vor Eintritt, wie etwa der FED-Chef Ben Shalom Bernanke, *als unmöglich und nach ihrem theoretischen Denken völlig ausgeschlossen bezeichneten?*

## Zum Aufbau dieses Buches

Im ersten Teil werden die drei grundlegenden Tricks, die bei der Fiatgeldschöpfung benutzt werden, in der angekündigten, möglichst einfachen und allgemeinverständlichen Weise offengelegt. Danach werden die dahinterstehenden Abläufe und Zusammenhänge mehrfach untersucht und in neuen Zusammenhängen dargestellt, teilweise vertiefend und ausführlicher detailliert. Daher, und weil das Buch aus dem Fundus von getrennt publizierten Beiträgen schöpft, die im Verlauf von etwa zwei Jahren auf der Internet-Webseite RADIO RESCHKE erschienen sind, kommt es mitunter zu Wiederholungen einzelner Gedankengänge. Dieser scheinbare Nachteil sollte sich aber als Vorteil entpuppen, denn die relativ simplen Grundzüge der Geldschöpfung können durch Beleuchtung aus unterschiedlichen Perspektiven besser erhellt und nachvollzogen werden.

Im zweiten Teil des Buches wird sich dann zeigen, wie stark unser gesamtes politisches und soziales System mit dem Falschgeldbetrug verwoben ist, und welche gewaltigen Auswirkungen das nicht nur auf unsere Kultur und unseren Rechtsstaat, sondern auch auf das generelle Lebensgefühl der Menschen hat. Wir haben es mit einem Krebsgeschwür zu tun, das Lebenskraft absaugt und gesunde Selbstverwirklichung beschneidet oder sogar verhindert. Wenn man sich klarmacht, daß dies nicht nur Kulturen in Europa oder Nordamerika, sondern praktisch jede Kultur auf jedem Kontinent dieses Planeten betrifft, dann bekommt man allmählich eine Ahnung von der Tragweite der Problematik und entwickelt ein neues Gefühl von Dringlichkeit, wieder zu menschengemäßen, fairen und auf echten Werten basierenden Verhältnissen und Umgangsformen zurückzukehren.

Das betrügerische Geldsystem ist in seinem Endstadium angelangt und wird binnen weniger Monate oder Jahre zusammenbrechen. Die spannende Frage lautet, in welche Richtung sich der dann kommende Umbruch bewegt: Wird es ein zentralistisches Unterdrückungssystem geben, oder werden wir eine neue Epoche des freien, offenen, dezentralen, wertebasierten Austauschs erleben? Je mehr Aufklärung es über die tatsächlichen Hintergründe des Geldsystems gibt, desto stärker erhöht sich die Wahrscheinlichkeit für die zweite Möglichkeit.

## Eine Vorwarnung an alle Systemgläubigen

*Die Horizonte der Menschen sind verschieden. Bei manchen ist das Sichtfeld leider so eingeengt, daß es sich auf einen einzigen Punkt beschränkt. Diesen nennt man den Standpunkt.*

Hugo Steinhaus

Viele werden die folgenden Erläuterungen vorschnell unter den Rubriken „Weltuntergangsgerede" oder „Verschwörungstheorien" einordnen, schon allein deshalb, weil hier die Haupttabus des herrschenden Geldsystems erbarmungslos enttarnt werden. Ob plausibel und wahrscheinlich oder nicht, das interessiert in diesen Tagen leider die meisten Durchschnittsbürger (noch) nicht, denn Wahrheitskategorien kommen bei ihnen schon aus purer Gewohnheit immer erst hinter Kategorien von Angenehmheit und Unterhaltsamkeit.

An diese Art Leser, bzw. an diejenigen Gläubigen, die stets nur das für wahr halten, was ihnen die jeweils Herrschenden als „Wahrheit" verkünden, richtet sich dieses Buch nicht. *Die Gläubigen kann man nicht überzeugen, weil sie jegliches eigenständiges Denken abgelegt haben.* Sie überlassen das Denken lieber anderen und plappern es einfach nach. Daher: „Gläubige".

Selbst mit noch so vielen Zahlen, Statistiken, Belegen und Beweisen kann man niemanden zur Änderung seiner Ansichten zwingen. Die meisten Leute werden erst durch Eintreten von realen Umwälzungen überzeugt werden, indem sie dann nämlich nicht mehr umhin können, die neuen Tatsachen, mit denen sie sich dann wohl oder übel auseinandersetzen müssen, anzuerkennen.

# Teil 1

## Der Falschgeldbetrug 1 – Entlarvung der drei Haupttricks

### Legales Falschgeld

Das Geld, das unsere Gesellschaft zur Zeit als Tauschmittel verwendet, ist Falschgeld. Denn es erweckt nur den Anschein, wertgedeckt zu sein; in Wahrheit nimmt diese Wertdeckung kontinuierlich ab. Durch ebendiese ständige, aber vor den Geldeignern und Geldnutzern verborgen gehaltene Entwertung geschieht der Betrug.

Als anschauliches Beispiel läßt sich eine Flasche guten Weines nehmen. Man stelle sich vor, daß die Weinflasche gehandelt und weitergegeben wird. Aber jeder, der die Flasche hat, entnimmt daraus etwas Wein und sorgt durch Nachfüllen von Wasser für den vorherigen Füllstand. Die Flasche wird dann mit gleichem Preis weiterverkauft, da sie ja noch genauso voll ist wie vorher.

Es ist klar, daß die Flasche nach und nach nicht mehr die Bezeichnung „Weinflasche" verdient hat, denn sie enthält nach und nach keinen wirklichen Wein mehr, sondern fast nur noch Wasser. Um nun die Analogie mit Wert (Wein) herzustellen: Der Wert wurde verwässert; er ist also praktisch wertlos geworden.

Genau dasselbe passiert mit unserem Geld: Es verliert nach und nach seine Deckung; es wird ebenfalls wertlos. Gleichzeitig meint aber jeder normale Bürger (der nicht in das „Geheimwissen" der Hintergründe des Geldsystems eingeweiht ist), der volle Wert sei noch vorhanden, genauso wie derjenige, der die mit Wasser gefüllte Weinflasche nur von außen ansieht, immer noch voll Vertrauen darüber ist, eine Flasche guten Weines zu besitzen, so wie es ja auch auf dem Etikett aufgedruckt steht.

Die „Verwässerung" unseres Geldes, also die heimliche Entwertung dieses Tauschmittels bis hin zur völligen Wertlosigkeit, geschieht bei unserem momentan vorherrschenden Geldsystem durch eine Koppelung mehrerer Tricks bzw. Täuschungen. Diese kann man auch mit guten Zaubertricks vergleichen, weil sie direkt vor unser aller Augen geschehen, aber dennoch von niemand mehr als das erkannt werden, was sie sind — nicht zuletzt auch deshalb, weil sie so normal und alltäglich geworden sind, daß sie jeder für völlig selbstverständlich nimmt. Bei allen drei Tricks wird echter, gegenwärtig vorhandener Wert durch Wertillusionen ersetzt.

Der entscheidende Punkt ist hier: Die meisten Menschen wissen es nicht, ja, sie ahnen es noch nicht einmal. Von einigen wenigen „Eingeweihten" abgesehen glaubt jeder Bürger unseres Staates, Geld sei wertgedeckt, und wenn die Banken Geld herausgeben, sei dieses vorher in Form von Spareinlagen eingezahlt worden. In Wahrheit wird Geld „aus dem Nichts" geschaffen, ist so gut wie (besser: so schlecht wie) ungedeckt. Genau das ist der Betrug. Und warum es diesen Betrug gibt, und welchen Schaden er anrichtet, das wird hier im weiteren Verlauf beschrieben und aufgedeckt.

## ZAUBERTRICK 1

Dieser Trick arbeitet mit der Gleichstellung von *vorhandenem* Wert mit *noch nicht existentem* Wert, von dem man behauptet oder zu dem man sich einbildet, ihn *nachträglich* herbeischaffen zu können. Zweiteres mag auch durchaus passieren — aber der Wert ist eben de facto *noch nicht da*. Dennoch wird dieser vorläufig nur vermutete Wert mit dem echten, bereits geschaffenen Wert komplett gleichgesetzt.

Die Rede ist vom *Kreditgeld*. Kreditgeld kann in Warengeld (also gedecktes Geld) umgetauscht werden und wird damit gleichwertig.

Besagten Schwindel hat schon Goethe in seinem Schauspiel *Faust II* beschrieben. Dort führt Mephistopheles (also der Teufel) das Papiergeld ein, als Weg zum leichten Vergnügen, für das man nicht mehr durch redliche Arbeit aufkommen muß, sondern das man sich bereits im vorhinein, durch Kredit auf in der Zukunft erwartete Werte und Leistungen, erzeugen kann. Es wird einfach als Papierschein bzw. Wechsel ausgestellt, in Umlauf gebracht und erlaubt den Besitzern, damit zu prassen. (In einem späteren Kapitel dieses Buches wird noch näher auf diese sehr aufschlußreiche Szene im *Faust II* eingegangen, die weithin unbekannt ist, die aber auch zeigt, daß

Goethe bereits über das Wissen eines „Eingeweihten" in die Geldschöpfung verfügte und dieses Wissen in aufklärerischer Weise publizierte.)

## ZAUBERTRICK 2

Der zweite Trick ist die Mehrfachbeleihung (*fractional banking* oder *multiple Giralgeldschöpfung*). Schon im Mittelalter begannen Goldschmiede, für Gold, das sie stellvertretend für die eigentlichen Eigentümer in ihrem Keller einlagerten, nicht nur einen, sondern gleich eine ganze Reihe von Wechseln bzw. Rückgabe-Quittungen auszugeben. Der Anteil an realem Vorkommen der Reserve betrug dann nicht mehr 100%, sondern z.B. nur noch 10%. Dies wurde möglich, weil man davon ausging, daß nicht alle Gläubiger am selben Tag ihre Einlagen zurückfordern würden. Natürlich handelt es sich auch bei diesem Trick um einen — geschickt versteckten — Betrug. Denn die „Eingeweihten" (damals: Goldschmiede, heute: Bankiers) änderten hier ja im Hintergrund die Spielregeln, ohne daß der gemeine Mann etwas davon mitbekam. Man erweckte einfach weiterhin den Eindruck der vollen Wertdeckung, löste sie aber heimlich auf bzw. verwässerte sie.

Was früher fürs Gold galt, haben wir heute entsprechend bei den Bankeinlagen: Die sogenannte *Mindestreserve* (also der Prozentsatz der tatsächlichen Wertdeckung) beträgt bei heutigen Banken seit 1999 nur noch 2%.

Den Fall, daß alle Leute gleichzeitig ihr Geld zurückfordern, nennt man *Bank run* oder *Ansturm auf die Bank*. Tritt dieser ein, weil die Menschen den Betrug wittern und jeder dann natürlich noch so schnell wie irgend möglich an seine Einlagen kommen will, dann muß die Bank notgedrungen ihre Zahlungsunfähigkeit eingestehen. In einem derartigen Fall sind die Leute natürlich empört, fühlen sich mit Recht betrogen und werden sehr wütend. Scheiben gehen zu Bruch; es kommt zu Aufständen. Sie waren vorher noch im guten Glauben gewesen, ihr Geld sei voll wertgedeckt — was es durch besagten zweiten Trick (und die anderen beiden Tricks) aber eben nicht ist. (Dieser für die meisten am schwersten zu durchschauende Trick wird im Kapitel *Warum unser Geldsystem ein Betrugssystem ist,* Abschnitt *Multiple Geldschöpfung,* genauer erläutert.)

D er dritte Trick ist der *Zinseszins*, dessen wahre Natur, aufgrund einer eingebauten mathematischen Gesetzmäßigkeit zu einer ganz verblüffenden, nämlich explosionsartigen Steigerung zu führen, ebenfalls von den allerwenigsten begriffen wird, und schon gar nicht bei Geld- und Vermögensgeschäften. Dieser dritte Trick steigert die Effekte der beiden anderen Tricks auf eine ganz wundersame Weise. Schuldgeld (Kredit) wird durch ihn immer teurer, und diese Teuerung beschleunigt sich, ohne daß der Gläubiger etwas dazu tun muß. Sein bloßes Zuwarten macht ihn reich und immer reicher, während der Schuldner in eine möglicherweise vernichtende Spirale eintritt, die ihn mehr und mehr aussaugt.

Nicht die Schuld als solche saugt ihn aus, wohlgemerkt! Sondern der Zinseszinseffekt, also eine bloße mathematische Gesetzmäßigkeit, der er, meist ohne es zu wissen, durch eine bestimmte Konstruktion im Bankwesen verfallen ist. „Geheimnis" des Zinseszinseffektes ist, daß er zuerst noch recht langsam, dann aber immer schneller und schließlich explosionsartig (exponentiell) ansteigt und daß die davon Betroffenen über den Zeitpunkt, wo dieser Anstieg immer gefährlicher für sie wird, im unklaren bleiben.

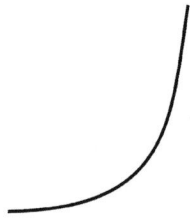

*Die Exponentialfunktion*

Es passiert hier sozusagen ein gewolltes Austricksen des normalen Alltagsverstandes sowie einer natürlichen Trägheit und Vergeßlichkeit — während die Nutznießer des Tricks sehr genau wissen, welches Spiel sie mit ihrem Opfer treiben! Die Interessenten des Bankwesens, oder die Verkäufer von Produkten, die Kredite einräumen, oder weitere an diesem Trick Beteiligte wie z.B. korrupte Politiker oder gewisse Wirtschaftswissenschaftler, wie sie an unseren Universitäten zuhauf vertreten sind (denn nur jene Lehren werden dort gelehrt, die den Sachverhalt verschleiern), sie alle lassen kein

Sterbenswörtchen darüber verlauten, sondern bilden ein einträchtiges Schweigekartell. Der Dumme ist bloß der Kreditnehmer (oder der Bürger, welcher jene Politiker wählt, die auf seinen guten Glauben hin immer mehr Schulden machen und davon ihre Politik finanzieren).

## Die Argumente der Realitätsleugner

Unser Geld wird also immer weniger wert, genau wie die Weinflasche nach und nach zur Attrappe verkommt und für den, der sie schließlich in der Erwartung, den Wein trinken zu können, öffnet, zur herben Überraschung werden wird. Ja, die Wahrheit kann oft sehr ernüchternd sein! Ein typisches Argument derjenigen, die die beschriebenen Hintergründe des Geldsystems entweder noch nie verstanden haben oder aus diversen Gründen auch gar nicht verstehen wollen, lautet, man habe ja bislang sehr gut damit wirtschaften können. Das klappt aber nur solange, wie alle meinen, in der Weinflasche wäre noch Wein — die also noch an der vom Betrug geschaffenen Illusion hängen und die Wahrheit meiden. Was bislang noch funktioniert (die Flasche unter dem Vorwand echten Wertes weiterverkaufen zu können, und zwar umso länger, je länger der Betrug aufrechterhalten werden kann), braucht nicht immer zu funktionieren — und es wird auch ganz gewiß nicht immer funktionieren. Denn auf Dauer läßt sich die Wahrheit nicht unterdrücken. Fliegt der Schwindel endgültig auf, kommt es zu einem panikartigen Schock, denn die Wahrheit wird sich dann in der Masse mit einer blitzschnellen Kettenreaktion herumsprechen.

Wozu aber überhaupt wertgedecktes Geld, wird dann häufig gefragt. Nun, eben gerade weil es ja um Wert geht! Das Geld funktioniert nur solange, wie es als Tauschmittel für echte, real existierende Werte im Umlauf ist. Nehmen wir als Beispiel die Arbeitsleistung, die jemand für seine gute Arbeit in einer Stunde erbringt. Dann sind für ihn z.B. 20 Euro ein Gegenwert, den er erhält und mit dem er sich etwas Äquivalentes leisten kann, etwa ein gutes Essen. Wenn aber ein anderer einfach nur „aus dem Nichts" dieselben 20 Euro erzeugen kann, oder genauso „aus dem Nichts" dann vielleicht sogar eine Million oder eine Milliarde Euros erzeugen kann — was bleibt dann noch von dem Wert dieser einen Stunde Arbeit?

Hier muß man verstehen, daß Falschgeld (ungedecktes Geld) erst einmal genauso gut funktioniert wie Echtgeld (gedecktes Geld). Es hat schon etliche Beispiele gegeben, wo man mit Falschgeld, also reinem, nicht wertgedecktem Papiergeld, fürs erste einen bemerkenswerten Wirtschaftsboom erzielen konnte (siehe Hitlers Mefo-Wechsel oder das „Freigeld"-Experiment von Wörgl). Auch John Maynard Keynes empfahl Kreditaufnahme, diesmal vonseiten des Staates, als geeignete Methode der Wirtschaftsförderung durch sogenannte „Konjunkturprogramme". (Insbesondere das „stimulus package" des frischgebackenen Hoffnungsträgers und US-Präsidenten Obama von Anfang 2009 mit seinen unglaublichen 787 Milliarden US-Dollar Neuverschuldung sprengte hier alle damaligen Rekorde.) Durch solches — angeblich auf solide Weise geschaffene — „neue" Geld wird die Wirtschaft frisch „angekurbelt", denn diejenigen, die Leistungen anbieten, bekommen nun auch wieder eine gute Möglichkeit, Aufträge zu erlangen und Kundschaft zu gewinnen: sie können ihre Produkte und Dienstleistungen vermehrt verkaufen, und genau das wollen sie ja schließlich auch.

Das neue Geld tritt in den Kreislauf ein, und die Wirtschaft beginnt als erstes hervorragend zu florieren. (Wenn es denn so wäre, daß das neugeschaffene „Geld aus dem Nichts" überhaupt an seinem Bestimmungsort, nämlich im Wirtschaftskreislauf, ankäme — was aber zumeist gar nicht der Fall ist!) Aber genau wie mit der Flasche, die keinen Wein enthält, ist der letzte in der Reihe, der das Tauschmittel auf seine Gültigkeit prüft, der Dumme. Eben dieser Effekt von Den-Letzten-beißen-die-Hunde ist es auch, der jedes betrügerische Schneeball-, Pyramiden-, Kettenbrief-, Ponzi- oder (neuerdings) Madoff-System charakterisiert. Nicht zufällig muß ein derartiges System schärfstens sanktioniert werden, und wird es auch. Aber im großen, von Notenbanken wie dem Federal Reserve System (das weder „federal" ist noch über eine gültige und verläßliche Reserve verfügt) praktizierten Stil, bei dem die Bevölkerungen ganzer Staaten die Betrogenen sind und nur die im Verborgenen bleibenden Regisseure des Spiels, die Großbankiers und Finanziers, als Gewinner übrigbleiben, gilt dieses Gebaren als seriös. Zu denen, die am Ende „von den Hunden gebissen werden", zählen nun Millionen und Abermillionen nichtsahnender Menschen, die am Schluß in völliger Armut enden — oder nicht selten auch in Kriegen verheizt werden, die von gewissenlosen, das Falschgeldsystem deckenden Politikern als Ablenkung von den wahren Ursachen des Problems inszeniert werden.

## GANZE STAATEN WIRTSCHAFTEN AUF BASIS IMMER NEUER FIKTIVER BLASEN

Durch ungedecktes Geld wird also nur ein scheinbarer Aufschwung erzeugt — in Wirklichkeit handelt es sich um einen Betrugsmechanismus, bei dem einige im großen Stil profitieren und die große Masse am Ende als übervorteilt dasteht. Als aktuelles Beispiel einer nur scheinbar florierenden, in Wirklichkeit aber künstlich „gedopten" Wirtschaft kann man die jüngsten Boomphasen der US-Amerikaner anführen, bei denen der rege Warenaustausch z.B. mit Ländern wie China zu scheinbarem Wohlstand geführt hat. Aber statt mit Gegenleistungen „bezahlte" man dabei mit Schulden. Inzwischen ist der US-Dollar praktisch ungedeckt; entsprechendes gilt aber auch für die übrigen Weltwährungen.

Was wir bei all diesen Manövern ernten, ist ein Wohlstand, der nicht auf geleistetem Gegenwert, sondern nur auf bloßer Vorerwartung und auf puren Zukunftsverpflichtungen beruht. Gleichzeitig treibt der Zinseszinseffekt den Betrug in immer astronomischere Größenordnungen. Damit die Blase der Täuschung nicht platzt, müssen immer neue Blasen erzeugt werden. Die ganze Kreativität richtet sich schließlich auf die Erschaffung neuer Fiktionen, während die Bereitschaft, sich mit den zugrundeliegenden Tatsachen auseinanderzusetzen und die hierbei nötige harte Desillusionierung auf sich zu nehmen, völlig in den Hintergrund rückt. Die ganze Gesellschaft und ihre Kultur wird zu einem einzigen dekadenten Tollhaus, vergleichbar einer wilden Party an Bord eines untergehenden Schiffes. Der gesamte Vorgang dieser Selbsttäuschung ist natürlich räumlich wie zeitlich begrenzt und wird genauso, wie das bislang immer in der Geldgeschichte passierte, in einem Totalkollaps enden müssen.

## DIE „EINLAGENSICHERUNG"

Die Federal Deposit Insurance Corporation (FDIC) ist der 1933 gegründete Einlagensicherungsfonds der Vereinigten Staaten von Amerika. Er wurde geschaffen, um die Stabilität des US-Bankensystems zu sichern und Bank runs zu vermeiden.

Wenn Sie etwas Englisch verstehen, dann sollten Sie sich unbedingt den folgenden — je nach Standpunkt äußerst amüsanten oder auch erschrecken- den — Dialog aus dem Beitrag „The Mythical FDIC Fund" zu Gemüte führen. Darin berichtet William M. Isaac, der frühere Vorsitzende der Federal Deposit Insurance Corporation, über ein Telefongespräch, das er mit seinem Nachfolger Donald T. Regan führte. Ich verspreche Ihnen: Sie wer- den aus dem Staunen nicht mehr herauskommen:

*When I became Chairman of the FDIC in 1981, the FDIC's financial statement showed a balance at the U.S. Treasury of some $11 billion. I decided it would be a real treat to see all of that money, so I placed a call to Treasury Secretary Don Regan:*

| | |
|---|---|
| *Isaac:* | *Don, I'd like to come over to look at the money.* |
| *Regan:* | *What money?* |
| *Isaac:* | *You know . . . the $11 billion the FDIC has in the vault at Treasury.* |
| *Regan:* | *Uh, well you see Bill, ah, that's a bit of a problem.* |
| *Isaac:* | *I know you're busy. I don't need to do it right away.* |
| *Regan:* | *Well . . . it's not a question of timing . . . I don't know quite how to put this, but we don't have the money.* |
| *Isaac:* | *Right . . . ha ha.* |
| *Regan:* | *No, really. The banks have been paying money to the FDIC, the FDIC has been turning the money over to the Treasury, and the Treasury has been spending it on missi- les, school lunches, water projects, and the like. The money's gone.* |
| *Isaac:* | *But it says right here on this financial statement that we have over $11 billion at the Treasury.* |
| *Regan:* | *In a sense, you do. You see, we owe that money to the FDIC, and we pay interest on it.* |
| *Isaac:* | *I know this might sound pretty far-fetched, but what would happen if we should need a few billion to handle a bank failure?* |

| Regan: | That's easy - we'd go right out and borrow it. You'd have the money in no time . . . same day service most days. |
| Isaac: | Let me see if I've got this straight. The money the banks thought they were storing up for the past half century - sort of saving it for a rainy day - is gone. If a storm begins brewing and we need the money, Treasury will have to borrow it. Is that about it? |
| Regan: | Yep. |
| Isaac: | Just one more thing, while I've got you. Why do we bother pretending there's a fund? |
| Regan: | I'm sorry, Bill, but the President's on the other line. I'll have to get back to you on that. |

Quelle:

— Bankers shocked by „The Mythical FDIC Fund", 13.9.2008
*http://www.dailypaul.com/node/61859* Original-Link:
*http://www.securagroup.com/news/archives/articles/2008/AB080827.pdf* (inaktiv)

Für den, der das nicht glauben kann, hier noch die Fakten als Belege:

— Die 81. US-Bankenpleite in 2009! Querschüsse, 22.8.2009 (siehe letzte Textpassage)
*http://wirtschaftquerschuss.blogspot.com/2009/08/die-81-us-bankenpleite-in-2009.html*

Mittlerweile, Ende September 2009, spricht sich die Pleite der FDIC auch öffentlich herum:

— FDIC – Unendliche Weiten, Bankhaus Rott, 29.9.2009 *http://blog.bankhaus-rott.de/#post45*

— US-Einlagensicherung will Geld von Banken, SZ, 30.9.2009 *http://archiv.sueddeutsche.de/ n5u38o/3075143/US-Einlagensicherung-will-Geld-von-Banken.html*

— USA: Lösung beim „Einlagensicherungsfond", Ed Barner, 30.9.2009 *http://econo-matrix.blogspot.com/2009/09/usa-losung-beim_565.html*

— The FDIC Is Broke – Now What?, Chris Martenson, 17.8.2009 *http://www.chrismarten-son.com/blog/fdic-broke-now-what/25274*

— Kritische Lage beim Einlagenversicherungsfonds der US-Banken, F. William Engdahl, 5.3.2009 *http://info.kopp-verlag.de/hintergruende/wirtschaft-und-finanzen/f-william-eng-dahl/kritische-lage-beim-einlagenversicherungsfonds-der.html*

*E*'s gab eine spürbare Verunsicherung, und die Leute begannen, ihr Geld von den Banken abzuheben. Dadurch sank die Liquidität der Kreditinstitute, was wiederum das Vertrauen in die Banken untergrub. Es drohte ein Teufelskreis, weswegen Kanzlerin Merkel und ich uns schließlich zu jener berühmten Erklärung entschlossen haben, alle Spareinlagen staatlich zu garantieren. Es hat funktioniert. Fragen Sie mich nicht, was passiert wäre, wenn es nicht funktioniert hätte. (...)*

*Wir wußten, daß wir uns auf dünnem Eis bewegen. Um es deutlich zu sagen: Für eine solche Zusage fehlte uns eigentlich die Legitimation. Es gab keine Rechtsgrundlage und keinen parlamentarischen Rückhalt. Ich wundere mich bis zum heutigen Tag, daß die Parlamentarier hinterher nie gefragt haben: Um Gottes willen, was habt ihr da eigentlich gemacht?*

Der ehemalige deutsche Finanzminister Peer Steinbrück im Magazin „Spiegel" vom 13.9.2010
*http://www.spiegel.de/spiegel/0,1518,716955,00.html*

TIP

In diesem Buch finden sich zahlreiche Quellenverweise in Form von Internet-Adressen. Wegen der Beschwerlichkeit, komplizierte Adressen abzuschreiben und im Web-Browser einzugeben, sowie aufgrund der bekannten Tatsache, daß sich derartige Adressen oft wieder ändern, empfehlen wir das schnellere Aufsuchen der Verweise via Suchmaschine durch Eingabe der im Verweis vorkommenden Hauptschlagworte.

# DER FALSCHGELDBETRUG 2 – VORGEBLICHE UND TATSÄCHLICHE INFLATION

## FALSCHGELD = UNGEDECKTES GELD

Wir verwenden hier den Begriff „Falschgeld" synonym mit „ungedecktem Geld". Was ist ungedecktes Geld? Die meisten verstehen schon die Bedeutung von „gedeckt" und „ungedeckt", „wertgedeckt" und „nicht wertgedeckt" nicht, weil sie von dieser Unterscheidung und ihrer Bedeutung durch Gehirnwäsche entwöhnt worden sind. Normalerweise müßte es so sein: Jemand arbeitet eine Stunde und erhält dafür 20 Euro. Dann müßten die 20 Euro äquivalent zu dem Wert dieser Arbeitsstunde sein und als Tauschwert den Kauf äquivalenter Waren oder Dienstleistungen ermöglichen.

So gut wie alle Bürger hegen auch den guten Glauben, daß es so wäre. Aber darin irren sie sich gewaltig! Nehmen wir an, jemand anderer könnte 20 Euro einfach so, ohne Gegenleistung, drucken und in Umlauf bringen. Das wäre doch dann eigentlich Falschgeld (und ist es ja auch, nur wird es eben nach gängiger Expertenlehre nicht so genannt). Aber genau das passiert, wie im ersten Kapitel über den Falschgeldbetrug schon erläutert wurde. Die meisten wissen das jedoch nicht (wo sollten sie es auch erfahren, wenn es z.B. in Bildungsinstitutionen und Medien strikt verheimlicht wird?), und so gibt es zweierlei Sichtweisen: die des gemeinen, unwissenden Volks, und die der Finanzspezialisten und insbesondere die der Großbankiers, denen es gelungen ist, der menschlichen Gemeinschaft dieses System als Falschgeldsystem (offiziell *Kreditgeld-* oder *Fiatgeld-System* genannt) unterzuschieben.

Was wir aktuell erleben, ist die sich ankündigende Krise dieses Falschgeldsystems als eines Systems ungedeckten Geldes. Denn auf Dauer kann es nicht funktionieren, daß die einen ihre Arbeitsstunde für 20 Euro Bezahlung leisten und andere nicht nur Geld in dieser Höhe, sondern sogar noch ein Vielfaches davon in den Wirtschaftskreislauf einspeisen, ohne auch nur irgend etwas dafür zu leisten. Denn damit wird, das kann sich nun jeder leicht ausmalen, der Wert des Geldes insgesamt verwässert, also geschwächt und entwertet. Die Dummen arbeiten fürs Geld, die Trickbetrüger verschaffen es sich auf angenehmerem Wege.

## Die wahre Inflation

Diese Verwässerung des Geldwertes äußert sich als Inflation. Aber darüber wird die Bevölkerung ebenfalls heimtückisch getäuscht, denn ihr wird weisgemacht, Inflation, das seien „steigende Preise": Die Lieferanten von Waren und Dienstleistungen wären nun mal so gierig und würden ständig versuchen, sich auf Kosten der Kunden zu bereichern, und deshalb würden sie ständig versuchen, die Preise zu erhöhen. Schuld an der Inflation wären also die Firmen und Gewerbetreibenden.

Tatsächlich steigt durch Verschuldung und durch Verwässerung des Geldwerts aufgrund von ständigem Einspeisen ungedeckten Geldes in den Wirtschaftskreislauf zwangsläufig die Geldmenge. Es wird geschätzt, daß inzwischen 200-mal mehr Geld auf der Welt existiert, als durch real existierende Werte tatsächlich abgedeckt ist.

Sie kennen das: wenn Sie mit dem Zug im Bahnhof stehen, und auf einmal scheinen Sie sich zu bewegen und an dem Zug, der still auf dem benachbarten Gleis steht, entlangzufahren. Bis dann plötzlich abrupt wieder der Bahnsteig zu sehen ist, von dem der andere Zug gerade abgefahren ist. So kann man auf Dinge, die zueinander in Relation stehen, hereinfallen und den Bezugspunkt verlieren. Der Bezugspunkt des Geldes ist der Wert, und nicht umgekehrt! Mit anderen Worten: Etwas ist nicht 10 Euro „wert", sondern die 10 Euro sollten eigentlich der Gegenwert eines real vorhandenen Wertes sein. (Sind sie aber wie gesagt nicht mehr, sondern im wesentlichen sind sie nur noch Papier mit illusionärem Wert, von dem die Regierungen und die Banken inständig hoffen, daß die Menschen nicht etwa auf die Idee kämen, wieder lauter echte Werte für die Papierscheine haben zu wollen! Die „Magie des Falschgeldes" besteht in der Hypnose, ein Papierzettel mit Aufdruck „10 Euro" sei tatsächlich etwas wert. Als Geld früher noch wertgedeckt war, konnte man noch für soundsoviel US-Dollar oder UK-Pfund soundsoviel Gramm Gold bekommen — aber solches Denken wurde gründlich aus den Gehirnen gewaschen. Und der tatsächliche Wert des Geldes still und heimlich immer mehr „verwässert"...)

Entsprechend dieser Umkehrung der Wertrelation versucht die Politik, die Inflationsrate zu fälschen und deren wahren Zahlenwert zu verheimlichen, indem sie den Bezugspunkt manipuliert. Nach bisheriger ökonomischer Lehrmeinung gilt:

*Inflationsrate = Geldmengenwachstum minus Zunahme der Wirtschaftsleistung*

Daraus ergeben sich Werte von 10-11% pro Jahr. Dies entspricht auch der Erfahrung der meisten Bürger. Siehe z.B. den Brotpreis, den Oktoberfest-Bierpreis oder den Preis für andere übliche Gebrauchsgüter des alltäglichen Lebens. Seit Einführung des FED im Jahre 1913 hat der US-Dollar 97% an Wert verloren; der Wertverlust der D-Mark betrug ca. 80%, und der Euro hat seit seiner Einführung 2002 schon etwa die Hälfte seines Wertes eingebüßt. Mit dubiosen Argumenten werden dem Bürger amtlicherseits ganz andere Zahlen eingeredet: 2-3%, momentan sogar angeblich fast 0%. Wer würde noch sein Geld für Zinsen von 2 oder 3% auf die Bank bringen oder in Immobilien mit einer angeblichen Rendite von ca. 5-6% investieren, wenn er wüßte, daß die Inflation sein Vermögen gleichzeitig schrittweise auffrißt und er de facto immer mehr seines Vermögens verliert?

In Wahrheit geschieht die Geldentwertung durch die Falschgelderzeugung der Banken und der Zentralbank. Der Staat betrügt seine Bürger mit Falschgeld (ungedecktem Geld, Verschuldung, daher Inflation = Geldentwertung) — die Bürger, die den Staat ja mit konstituieren, betrügen sich somit selbst (unseriöses Wirtschaften durch Verschuldung, Leben auf Kredit, Erwerb von Gütern ohne entsprechende Gegenleistung, Wahl von Politikern, die Schulden machen und damit Ausgaben finanzieren, nicht selten auch Kriege, ohne persönlich für diese Schulden haftbar zu sein).

Der Staat bräuchte eigentlich überhaupt keine Steuern zu erheben — denn allein schon über die Inflation, also die Geldentwertung, kassiert er bei jedem Bürger auf sehr elegante und heimtückische Weise ab; und der Bürger, der vom Geldsystem keine Ahnung hat, merkt es nicht einmal. Das Aufblähen der Geldmenge ist de facto eine stille Enteignung der Bürger — und ein überaus geschickter Schachzug, denn diese entrüsten sich dann jedesmal über die vermeintlichen Schuldigen der Preissteigerungen: die bösen Energiekonzerne oder Versorgungsunternehmen, die bösen Vermieter und überhaupt die bösen Kapitalisten, die immer nur mehr Geld von ihnen wollen.

Hieraus ergibt sich eine Spirale, die immer mehr eskaliert: der verschuldete Staat muß immer mehr Schulden machen, darunter wiederum Schulden für die Zinsen, die für die noch offenen Schulden zu entrichten sind. Außerdem kommt als wichtiger Steigerungsfaktor der Zinseszinseffekt hinzu, der die Schulden exponentiell ansteigen läßt. Inzwischen sollte jedermann, der noch selbst denken und rechnen kann und der offiziellen Gehirnwäsche noch nicht völlig erlegen ist, merken können, daß diese Schulden eine Höhe erreicht haben, die nie mehr abgetragen werden kann — selbst von den kommenden Generationen nicht.

So läßt sich in gewissem Sinne stringent „beweisen", daß ein Crash früher oder später unausweichlich sein wird: Falschgeld (Schuldgeld) funktioniert niemals auf Dauer. D.h. dieses Geld wird mehr und mehr wertlos und kann auch nicht mehr nachträglich durch Wert gedeckt werden, einfach weil ganz offensichtlich die immer astronomischer werdenden Schulden niemals mehr abbezahlt werden können.

Wer diesen „Beweis" nicht nachvollziehen kann oder will, der kann auch durch keine noch so zutreffende ökonomische Argumentation überzeugt werden. Denn dieses Faktum ist nicht kompliziert und benötigt auch keine komplizierten Theorien oder Modelle. Die heute von Vertretern des Falschgeldsystems (korrupten Politikern und sogenannten Wirtschaftsexperten) vorgebrachten akademischen Theorien oder Modelle führen an diesem Faktum vorbei und vernebeln es bloß. „Von nichts kommt nichts", sagt der gesunde Menschenverstand. Aber Politiker, willfährige Ökonomen und Trickbetrüger werden sicherlich prompt das Gegenteil beweisen.

Es gibt bei der Verschuldung im Endeffekt nur genau zwei Möglichkeiten:
— Schulden begleichen
— Bankrott

Die heutige Politik des Falschgeldes versucht, sich mit einer fiktiven „dritten Möglichkeit" am Leben zu erhalten: durch Vertuschen der Situation (Verfälschen der Tatsachen, aktive Propaganda, Ablenkung der Massen durch „Unterhaltung", Inszenierung von False-flag-Operationen oder Anzettelung von Kriegen) und somit durch Schaffung von Zeitgewinn. Zeit gewinnt man, und das ist die Politik praktisch sämtlicher Staaten, indem man sich ungehemmt immer weiter verschuldet (siehe z.B. die USA, Europa, Rußland, China und Japan), Schulden also mit weiteren Schulden bezahlt und durch den Zinseszinseffekt dann allmählich auch noch immer mehr Schulden zum Begleichen des puren Schuldzinses aufnehmen muß. Inzwischen wird auch, insbesondere durch die USA und die Euro-Länder, zum bloßen Gelddrucken übergegangen, also mit hoher Geschwindigkeit noch mehr ungedecktes Falschgeld erzeugt.

## DIE LÜGENMANÖVER WERDEN IMMER UNGEHEMMTER

Daß die Staaten ihre Verschuldung nicht mehr abzahlen können, weil diese schon viel zu hoch ist, wurde bereits erwähnt. Politiker scheuen den Offenbarungseid in Form eines Bankrotts wie der Teufel das Weihwasser, weil sie im selben Moment ihren Job verlieren und sogar zur Zielscheibe eines erzürnten Mobs werden würden — daher bleibt ihnen nur, sich weiter über die Zeit zu retten. Und da die Situation immer brisanter wird (die Exponentialfunktion des Zinseszinses nähert sich irgendwann einer steilen Gerade; da geht es dann nicht mehr weiter!), muß das Lügen, das Vertuschen und die Propaganda der Großmedien immer extremer und allumfassender werden. Auf der Basis eines kollabierenden Finanzwesens passiert all dies gleichzeitig, und ganze Staaten und Kulturen geraten auf die schiefe Bahn, nähern sich dem Abgrund, der Katastrophe.

Der grundsätzliche Fehler liegt hier schon ganz zu Beginn im Akt der unseriösen Verschuldung, d.h. in der Schaffung eines Geldes ohne Wertdeckung. Die „Kunst" besteht nun darin, die Völker per Propaganda und Gehirnwäsche davon abzuhalten, das üble Spiel zu merken und sowohl ihren korrupten Regierungen als auch dem wertlosen Falschgeld ihr Vertrauen zu entziehen.

Verschuldung und Geldentwertung bedeuten immer: Es soll von etwas gezehrt werden, das man noch gar nicht erarbeitet hat bzw. noch gar nicht besitzt. Wir leben heute in einer Zeit, die solches Denken durchaus angenehm und willkommen findet. Und doch muß und wird eine derartige Kultur und Gesellschaft früher oder später an ihrer eigenen unsoliden Lebensweise, ihrem ungehemmten Schmarotzertum und ihrer heimtückischen Übervorteilung der Gläubiger, denen sie ohne Skrupel unbezahlte Werte abluchst, zugrunde gehen.

# Der Falschgeldbetrug 3 – Papiergeld und das Verschwinden der realen Goldreserven

## Die Rolle des Goldes in bezug auf Papier- bzw. Fiatgeld

Zuerst der Grundansatz: Wenn wir von Falschgeld, also von ungedecktem Geld sprechen, erhebt sich für jeden, der der Sache etwas näher auf den Grund zu gehen versucht, die Frage, wie lange der Schwindel aufrechterhalten kann bzw. wann er auffliegt. Die „Pragmatiker" (ich würde sie eher zu den gehirngewaschenen Mitläufern rechnen) sind ja der festen Überzeugung, was bisher funktioniert habe, werde wohl auch weiterhin funktionieren: das heißt, wenn die Wirtschaft mit ungedecktem Papiergeld so gut arbeiten könne wie bislang, so werde das sicher auch noch viele, viele Jahre so weitergehen, und wenn es eine Krise gebe, so könne die Regierung und die Zentralbank immer noch korrigierend eingreifen (will heißen: das Vertrauen in die Währung jederzeit wiederherstellen). Konkreter: Man könne im System des ungedeckten Fiatgeldes theoretisch immer mehr Schulden aufnehmen und immer mehr „Geld aus dem Nichts" produzieren, ohne daß es zur Zahlungsunfähigkeit und damit zum Systemkollaps komme.

Mal abgesehen davon, daß für den gesunden Menschenverstand sofort offensichtlich wird, wo die Schwachstelle dieser Art seltsamer „Zauberei" liegt, sind wir alle leider in der gegenwärtigen Situation voll diesem Denken ausgeliefert, denn es regiert die Welt mehr als jegliche andere Denkweise oder Regierungsform. Es stellt sich also die Frage: Wie wird es weitergehen? Fiatgeld hat einen natürlichen Gegenspieler: Edelmetalle als in mehreren tausend Jahren historisch gewachsene Währungen, deren Wert nicht manipulierbar ist, weder von Regierungen, noch von Banken oder Notenbanken. Wird die Wertlosigkeit des Papiergelds offenkundig, dann kommt es sofort zu einer Flucht in diese Sicherheiten, da echte Werte mehr Vertrauen einflößen als nur scheinbare Werte. Aus ebendiesem Grund wird — insbesondere seit dem Ende der Wertbindung des US-Dollars an Gold (1971) —

Gold von den Notenbanken im Wert gedrückt. Diese Drückung wurde auch von den Verantwortlichen angekündigt und zugegeben. Andererseits benötigen die Staaten und die Zentralbanken immer noch Gold, um ihre Zuverlässigkeit als potentielle Zahler zu gewährleisten.

## Werden wir von den Regierungen über die Goldvorräte belogen, und mit welcher Absicht?

Mit den weiteren Überlegungen begebe ich mich, wenigstens zum Teil, auf ein spekulatives Gebiet, aber dennoch (oder gerade deshalb) sollte einiges sehr spannend und interessant werden. Denn eine Frage, deren Brisanz in nächster Zukunft immer deutlicher in den Vordergrund drängen wird, lautet: Werden wir von unseren Regierungen über den tatsächlichen Umfang der Goldvorräte getäuscht? Gibt es inzwischen weniger reales Gold als in den offiziellen Statistiken genannt? Wird diese Tatsache (falls wahr) verheimlicht, um das Papiergeldsystem vor dem drohenden Kollaps zu bewahren?

Wäre das tatsächlich so, und käme ein derartiger Betrug an die breite Öffentlichkeit, so würde das in kürzester Zeit zu einem brutalen Crash nicht nur des Papiergeldsystems, sondern auch der damit eng verbundenen Regierungen sowie für die gesamte Wirtschafts- und Finanzwelt führen. Denn das Vertrauen in die Möglichkeit, für die Verpflichtungen überhaupt noch real einstehen zu können, wäre fundamental erschüttert und auf Jahre, ja sogar auf Jahrzehnte hinweg komplett zerstört.

Ob das Gold in der von US-Regierungsstellen behaupteten Menge noch vorhanden ist, weiß auch deshalb keiner, weil diese Stellen seit mehr als 50 Jahren keine unabhängige Überprüfung durch Inventur (audit) mehr zulassen. Auch die Versuche der GATA (Gold Anti-Trust Action Committee), eine solche Untersuchung juristisch zu erzwingen, wurden bislang abgeschmettert.

Nun mehren sich aber genau diese Anzeichen, daß tatsächlich manipuliert wird. Herausgekommen ist z.B., daß der Großteil der Goldvorräte der Bundesrepublik Deutschland nicht etwa im eigenen Land gelagert ist, sondern in den Kellern der Federal Reserve Bank von New York, 26 Meter unter dem Meeresspiegel auf den Felsen Manhattans. Man kann inzwischen wohl als gesichert annehmen, daß die deutsche Regierung keine Möglichkeit sieht, ihr Anrecht auf diese Vorräte geltend zu machen, da es sich vermutlich um eine Pfandleistung für Wohlverhalten in verschiedenerlei Hinsicht handelt. Noch schlimmer ist jedoch die Möglichkeit, daß dieses Gold dort physisch gar nicht mehr vorhanden, sondern verliehen ist. Eine andere Möglichkeit ist die Mehrfachbeleihung ein und derselben tatsächlichen Menge, eine dubiose Methode, die bekanntlich als fractional banking im Fiatgeldsystem gang und gäbe und für die Erzeugung leerer Kreditblasen verantwortlich ist (siehe Der Falschgeldbetrug 1, dort: Trick 2).

Die Verleihung physischen Goldes, sowohl deutschen wie des US-Goldes, das etwa noch in Fort Knox eingelagert sein soll, ist eines der Hauptmanöver bei der Goldpreisdrückung. Diese Goldpreisdrückung, die aus oben genannten Gründen von höchst politischer Natur ist, kann aber nur funktionieren, solange noch Vorräte vorhanden sind. Sobald sich diese erschöpfen, gibt es keine Möglichkeit mehr, die Manipulation fortzusetzen. Wenn das wirklich passieren würde, so würde sich wieder einmal das bekannte Sprichwort von neuem bestätigen: Lügen haben kurze Beine. Oder umgekehrt herum: Ehrlich währt immer noch am längsten.

LINKEMPFEHLUNGEN FÜR ALLERHAND SPANNENDE ENTDECKUNGEN

— We Have A Right To Know, James Turk, Freemarket Gold & Money Report, 13.12.1999 *http://www.fgmr.com/we-have-a-right-to-know.html*

— Deutsche Bundesbank: Geschäftsbericht 1999: „Gold und Goldforderungen", siehe S. 174 und S. 182, 31.12.1999 *http://www.bundesbank.de/download/volkswirtschaft/jahresberichte/1999gb_bbk.pdf*

— What Is Happening to America's Gold? James Turk, Freemarket Gold & Money Report, 23.7.2001 *http://www.fgmr.com/what-is-happening-to-americas-gold.html*

— How Governments Manipulate the Gold Market – A Primer, James Turk, Freemarket Gold & Money Report, 6.10.2003 *http://news.goldseek.com/JamesTurk/1065450203.php*

— Die Goldverschwörung: Ein Blick hinter die Kulissen der Macht, Interview von Jim Puplava mit Ferdinand Lips, 6.5.2004 *http://www.goldseiten.de/content/kolumnen/artikel.php?storyid=180*

— Die Gold-Verschwörung, Benjamin Seiler, zeitenschrift.com, 2004 *http://www.zeitenschrift.com/magazin/44-goldverschwoerung.ihtml*

— GATA deckt Goldmanipulation auf, Benjamin Seiler, zeitenschrift.com, 2004 *http://www.zeitenschrift.com/magazin/44-goldmanipulation.ihtml*

— Woher kommt das Gold für die Preisdrückung? Walter K. Eichelburg, hartgeld.com, 13.11.2008 *http://www.hartgeld.com/filesadmin/pdf/TO2009/Art_2008-114_GoldFuer-Drueckung.pdf*

— Befindet sich überhaupt noch Gold in Fort Knox, dem sichersten Tresor der Welt? Bericht in times online, 28.3.2009 *http://www.timesonline.co.uk/tol/news/world/us_and_americas/article5989271.ece*

— Where's The Gold?, Nathan Lewis, The Huffington Post, 26.6.2009 *http://www.huffingtonpost.com/nathan-lewis/wheres-the-gold_b_216896.html*

— How Much Gold Is In Fort Knox? mpelembe network, 20.8.2006 *http://mpelembe.blogware.com/blog/_archives/2006/8/20/2247941.html*

— Die Dollarfalle / Die Goldreserven / Berlin verheimlicht, wo die Goldreserven liegen, Beitrag in wallstreet-online.de, 30.5.2009 *http://www.wallstreet-online.de/diskussion/1150572-1-10/die-goldverschwoerung-greenspan-gold-6000-dollar*

— Mister Greenspan sitzt auf Deutschlands Goldschatz – Barren der Bundesbank unter dem Pflaster von Manhattan, Dr. Markus Zimmermann *http://www.umsatzclub.de/Der%20Gold%20Betrug.pdf*

— Finanzexperte entdeckt US-Goldexporte im Rekordwert von 175 Mio. Unzen, Susanne Hamann, Kopp-Verlag, 7.7.2009 *http://info.kopp-verlag.de/hintergruende/wirtschaft-und-finanzen/susanne-hamann/finanzexperte-entdeckt-us-goldexporte-im-rekordwer.html*

— Die deutschen Goldreserven und die ersten 11 Goldinhaber der Welt, Kommentar in zeit online, 26.7.2009 *http://community.zeit.de/user/gero-l-steiner/beitrag/2009/07/26/die-deutschen-goldreserven*

— Germany's gold is in U.S. custody, Bundesbank confirms, Chris Powell, GATA, 9.8.2009 *http://www.gata.org/node/7672*

— Geheime US-Goldexporte: Statistik des Hafens von New York, Goldseiten-Forum, 14.8.2009 *http://www.goldseiten-forum.de/index.php?page=Thread&threadID=12216*

— Deutsches Gold in USA?, Lars Schall, chaostheorien.de, 15.8.2009 *http://www.chaostheorien.de/artikel/-/asset_publisher/haR1/content/Deutsches-Gold-in-USA*

*Die deutschen Goldreserven lagern größtenteils nicht in Deutschland, sondern wohl in New York, und zwar in Manhattan. Ob sie allerdings dort noch verfügbar sind, ist ungewiß. Es gibt Hinweise, daß deutsches Gold vom Plunge Protection Team verzockt worden ist - zum Zwecke der Goldpreisdrückung. (...) Sollte der Bericht den Tatsachen entsprechen, handelt es sich dabei um einen handfesten Skandal. Die Bundesbank vermittelt nach außen nämlich stets den Eindruck, daß sie jederzeit Verfügungsrechte über die deutschen Goldbestände habe. Doch dies kann aufgrund der Auslagerung der Reserven bezweifelt werden.*

— Nur 80 Tonnen in Frankfurt und Peer der Bär, Gelbes Forum, 16.8.2009
*http://www.dasgelbeforum.de.org/forum_entry.php?id=119388*

1. In den Tresorräumen in Frankfurt liegen nur etwa 80 Tonnen, d.h. knapp über 2% des Gesamtgoldes. 2. Der Finanzminister weiß nicht, wo das Gold liegt, für das er (dem Volk gegenüber) verantwortlich ist. 3. Steinbrück: Teile des Goldes werden verkauft, „damit der Goldpreis stabil bleibt".

## Zwischenstand 20.8.2009

Ich habe die Überschrift dieses Beitrags von „Papiergeld und die Vertuschung der realen Goldreserven" in „Papiergeld und das Verschwinden der realen Goldreserven" geändert. Läßt sich das so behaupten: daß das (deutsche) Gold (aber auch das Gold anderer Staaten, z.b. der USA) bereits verschwunden ist, d.h. verkauft oder verliehen wurde bzw. sich außer Reichweite befindet? Ich denke: ja.

Tatsache ist, daß im Bundesbankbericht in der entsprechenden Rubrik über Gold inzwischen die Formulierung „Goldforderungen" auftaucht. Das heißt doch nichts anderes, als daß das Gold bzw. ein Teil davon (über die Größe dieses Teils kann man nur vermuten) physisch nicht mehr vorhanden ist, sondern daß Forderungen nur noch auf dem Papier bestehen. Was das bedeutet, brauche ich wohl nicht weiter zu erklären.

Das Verweigern klarer Auskünfte seitens der zuständigen deutschen Behörden und Funktionsträger spricht ebenfalls eine deutliche Sprache. Es wäre ja ein leichtes — und gewisse Sicherheitsinteressen würden es kaum verbieten —, mit den grundsätzlichen Informationen herauszurücken und hinreichende Klarheit zu schaffen: eben wenn man nicht aus anderen als aus Sicherheitsgründen etwas zu vertuschen hätte. Frappant finde ich die kriecherisch-demütige Art, mit der Presse und Öffentlichkeit zu diesem Thema Fragen stellen, und genauso frappant sind dann die gespreizt-dünkelhaften und wenig bis nichts aussagenden Auskünfte der Verantwortlichen. Typisch deutsch ist das alles. Man kriecht, gehorcht, buckelt — aber an der Obrigkeit zu zweifeln erscheint ungeheuerlich. Dabei wären die deutschen Goldreserven nichts anderes als ein Besitz des gesamten Volkes. Gewesen.

— Wo lagert das Gold der Bundesbank?, Dietmar Siebholz, Goldseiten, 17.08.2009
*http://www.goldseiten.de/content/diverses/artikel.php?storyid=11321*

— Bundesbank confirms Germany's gold is in play, GATA, 24.8.2009
  *http://www.gata.org/node/7713*

— Gold Manipulation: „They are about to hit the wall", Interview mit Bill Murphy
  (GATA), siehe ab 2. Drittel des Textes, 31.8.2009 *http://www.chaostheorien.de/inter-
  views/-/asset_publisher/rAD9/content/they-are-about-to-hit-the-wall*

— Hong Kong recalls gold reserves, touts high-security vault – In a challenge to London,
  Asian states invited to store bullion closer to home, MarketWatch, 3.9.2009
  *http://www.marketwatch.com/story/hong-kong-recalls-gold-reserves-from-london-2009-09-03*

  Hongkong geht den längst fälligen Schritt, vor dem die Deutschen jedoch gegenüber
  den USA zurückscheuen. Sie bringen ihr Gold in Sicherheit.

— EZB-Goldforderungen übersteigen echte Goldbestände um das 20-fache, Goldreporter,
  13.11.2009 *(nicht mehr im Web)*

— Der OSCAR für die dreisteste Desinformation geht am 15. März 2010 an die F.A.Z.,
  absolut entlarvender Beitrag von lupo cattivo zum FAZ-Artikel „Bundesbank sorgt sich
  um ihre Goldreserven", 15.3.2010 *http://lupocattivoblog.wordpress.com/2010/03/15/der-
  oscar-fur-die-dreisteste-desinformation-geht-am-15-marz-2010-an-die-f-a-z/*

— Craig Hulet - there is no Gold at Fort Knox (Video), 29.9.2010
  *http://www.youtube.com/watch?v=fXqEh_61c6Q*

— James Turk: Vermutlich gibt es kein deutsches Gold der Bundesbank mehr,
  maxkeiser.com, 5.10.2010 *http://maxkeiser.com/2010/10/05/does-the-bundesbank-have-
  any-gold-in-its-vaults/*

— Currency War: Germany about to lose 66% of its gold reserves, Max Keiser und Lars
  Schall, chaostheorien.de, 16.10.2010 *http://www.chaostheorien.de/artikel/-/asset_publis-
  her/haR1/content/currency-war-germany-about-to-lose-66-percent-of-its-gold-reserves*

## *Zwischenstand 1.12.2010*

Wie Lars Schall auf der Webseite chaostheorien.de am 1.12.2010
berichtet, versuchte er der Bundesbank mit präzise formulierten Fragen wenigstens minimale Auskünfte zum Verbleib der deutschen Goldreserven zu entlocken. In ihrer Entgegnung (Az. 2010/020273) verweigert die
Bundesbank jedoch die Antwort, und zwar sowohl zu den Goldreserven als
auch zu den damit betriebenen Geschäften.

— Some Justified Questions for the German Bundesbank, Lars Schall, chaostheorien.de,
  1.12.2010 *http://www.chaostheorien.de/artikel/-/asset_publisher/haR1/content/some-justified-
  questions-for-the-german-bundesbank*

# DER FALSCHGELDBETRUG 4 – WARUM UNGEDECKTES GELD ZU EINER FALSCHEN ART VON WIRTSCHAFTS- WACHSTUM FÜHRT

## DIE ZWANGSLÄUFIGE KRISE DES SYSTEMS UNGEDECKTEN GELDES LEICHTVERSTÄNDLICH ERKLÄRT

Ich werde jetzt versuchen, einen wirtschaftlichen Zusammenhang, den die allermeisten nicht verstehen und von dem der Anschein erweckt wird, daß dies nur ökonomischen Experten der höchsten akademischen Klasse vorbehalten sei, so leichtverständlich beschreiben, daß ihn jeder, der den folgenden Text aufmerksam liest, ganz gewiß verstehen kann. Was umso mehr nottut, als das Wissen um derartige Sachverhalte gezielt vor dem normalen Bürger verborgen gehalten wird, damit man diesen umso leichter aufs Kreuz legen und ausnutzen kann.

Es geht nochmal ganz direkt um das Wesen von Falschgeld. Falschgeld ist ungedecktes bzw. nicht wertgedecktes Geld. Genau um dieses Geld handelt es sich aber bei unserem gegenwärtigen Papiergeld. In den vorhergehenden Beiträgen *Falschgeldbetrug 1, 2 und 3* wurde bereits angerissen, mit welchen Tricks Falschgeld erzeugt wird. Hier soll nun die wichtige Frage geklärt werden, was Falschgeld mit Wachstum — insbesondere dem so hochgelobten und von Politikern stets als oberstes Ziel genannten Wirtschaftswachstum — zu tun hat und warum beides so eng miteinander zusammenhängt. Insbesondere soll es um ein Hauptargument der Befürworter des Fiatgeldes gehen, nämlich um die angebliche Förderung von Wohlstand durch eine florierende Wirtschaft mit hoher Konsumnachfrage und hoher Produktivität. Gerade linke Politiker sehen hierin gerne den Hauptpfeiler einer erfolgreichen Wirtschafts- und Finanzpolitik, Stichwort „Konjunkturprogramme zur Ankurbelung der Wirtschaft" im Gefolge der Theorien von John Maynard Keynes. Ein nicht unähnlicher Ansatz prägt die utopische Freiwirtschafts- lehre nach Silvio Gesell, die Schwundgeld und Zinsverbot als Allheilmittel predigt. Das „Wunder von Wörgl" als bisher einziges konkretes, aber abgebrochenes Modell zeigte ebenfalls diesen Effekt der anfänglichen, künstlichen Stimulierung durch Papiergeld ohne Deckung.

## Ungedecktes Geld und seine Auswirkungen

Aber fangen wir so einfach wie möglich an, ganz wie oben versprochen. Stellen wir uns eine übersichtliche Gruppe von Dienstleistern und Konsumenten vor, etwa 30. Geld als Tauschmittel hat hier die Funktion, Werte transferierbar zu machen. D.h. anstelle von Naturalien (direkter Güteraustausch, z.B. Brot gegen Kleidung) wird mit Geld bezahlt. Nehmen wir weiter an, dieses Geld sei voll wertgedeckt. So entspräche z.B. eine 20-Euro-Note einer bestimmten Menge Lebensmittel, Kleidung bzw. einer bestimmten Dienstleistung als Arbeit. Normalerweise kursiert dann eine bestimmte Menge Geldes (*Geldmenge*, der Begriff ist wichtig) in Höhe der erbrachten oder vorhandenen Werte. Das ist der Fall, von dem der Durchschnittsbürger annimmt, er sei heutzutage gegeben. Durch die Falschgeldtricks Schuldbeleihung, Zukunftsbeleihung, Mehrfachbeleihung und Zinseszins kommt weiteres Geld in Form von Papiergeldscheinen hinzu. Was ist nun die Wirkung dieses neu hinzugekommenen ungedeckten Geldes?

Wir stellen uns also obige Gruppe von 30 Leuten vor. Einer von ihnen hat plötzlich mehr Geld, sagen wir einen 100-Euro-Schein. Was passiert jetzt? Er kann damit einkaufen. Er geht zum Schneider und läßt sich einen Anzug anfertigen. Der Schneider freut sich über den neuen Auftrag, der ihm zusätzliches Einkommen und damit Wohlstand garantiert. Er erbringt seine Leistung und erhält dafür den 100-Euro-Schein. Mit diesem kann er auch bei den anderen Mitgliedern der Gruppe einkaufen. Auch diese freuen sich über das Mehr an Aufträgen bzw. Konsum und den dadurch vergrößerten Wohlstand.

Hat nun der 100-Euro-Schein tatsächlich mehr Wohlstand geschaffen? Natürlich nur scheinbar, aber nicht nachhaltig. Denn in Wahrheit handelt es sich bloß um ungedecktes Falschgeld — es ist ja einfach nur ein Stück bedrucktes Papier! „Aber dieses Papier ist doch etwas wert, sonst würde es ja nicht akzeptiert!" So argumentiert der heutige Durchschnittsbürger, so argumentiert der linke Politiker keynesianischer Prägung und so argumentiert der Freiwirt nach Gesell. Sie nennen das „Ankurbelung der Wirtschaft". Aber verstehen Sie jetzt, was hier nicht stimmt?

Wir sollten uns obiges Beispiel noch etwas näher anschauen. Warum funktioniert das Einspeisen ungedeckten Geldes in den Wirtschaftskreislauf? Was genau passiert bei der scheinbaren Verbesserung des Wohlstands aller Beteiligten? Es ist wichtig, das zu verstehen, denn wer dieses einfache Beispiel einmal begriffen hat, der durchschaut auch schlagartig, was bei unserer heutigen Wirtschaftsentwicklung passiert und wer da der Nutznießer ist, und wer die Betrogenen. Die Werte in unserem Kreis von 30 Leuten sind ja noch exakt dieselben, wenn die 100 Euro hinzukommen. Denn für die 100 Euro ist nicht gearbeitet worden (daher sind sie: ungedeckt).

De facto passiert nichts anderes als eine Verwässerung des Geldwertes durch Erhöhung der Geldmenge. Der Fachbegriff hierfür lautet *Inflation*. Je mehr ungedecktes Geld eingespeist wird, desto stärker steigt also die Inflation. Die 20 Euro, von denen oben gesprochen wurde, entsprechen dann nicht mehr dem ursprünglichen Gegenwart von 20 Euro, sondern beispielsweise nur noch 19 Euro. Kommt mehr ungedecktes Geld hinzu, sind die 19 Euro nur noch 18, 17, 16 Euro wert. Und so geht das immer weiter, denn fängt man erst einmal mit dem Schwindel an, fällt es unglaublich schwer, ihn zu stoppen.

Man müßte ja nachträglich noch freiwillig Werte quasi „umsonst" in den Kreislauf einspeisen, um den Geldwert wieder zu erhöhen. Und das fällt eben aus vielerlei Gründen (wovon der naheliegendste einfach die bekannte menschliche Schwäche ist) unendlich schwer. Erst recht fällt es Regierungen schwer, die mit vollen Händen Geld ausgeben, um vielerlei nötige oder unnötige Bedürfnisse zu erfüllen. (Politiker haben immer zu wenig Geld im Haushalt, und da sie es nicht selbst verdienen müssen, geben sie es besonders gerne und schnell aus — stehen sie doch dann auch noch als Wohltäter des Gemeinwesens da.)

Die Anbieter von Waren und Dienstleistungen wiederum müssen, um den früheren Gegenwert ihrer Arbeit zu erhalten, schrittweise ihre Preise erhöhen. Wenn sie das im richtigen Tempo tun, schaffen sie es vielleicht, am Ende gleichwertig bezahlt zu werden. Aber auch hier klappt der schon im Kapitel *Falschgeldbetrug 2* beschriebene Ablenkungstrick mit der Änderung des Bezugspunktes auf besonders raffinierte Weise. (Alle Zaubertricks funktionieren stets nach diesem Prinzip: das Augenmerk der Zuschauer auf etwas Nebensächliches zu lenken und währenddessen die eigentliche Manipulation, völlig unbemerkt, vorzunehmen.) Man macht den Bürgern weis, Inflation sei gleichbedeutend mit „steigenden Preisen" (wie auch FED-Chef Ben Shalom Bernanke oft und gerne zu behaupten pflegt). Und tatsächlich: die Preise steigen ja auch kontinuierlich. Aber wer hinten an den Hebeln dreht, das merkt die desinformierte Menge nicht. Der Zug, in dem wir sitzen, steht immer noch im Bahnhof; der Zug auf dem Nachbargleis ist soeben abgefahren.

Die Erhöhung der Geldmenge durch Einspeisen ungedeckten Geldes bedeutet in Wahrheit nichts anderes als ein Betrug an der Gemeinschaft. Mit den 100 Euro betrügt derjenige, der sie einbringt, die 30 anderen aus seiner Gruppe. Aber eines zu verstehen ist hier nun ganz besonders wichtig: Es merkt ja keiner! Der Schwindel geschieht hinterrücks. Die Übervorteilung ist so subtil, daß man den Betrug schon fast genial nennen könnte.

Umso mehr, als man den Leuten die Übervorteilung noch als angeblichen Nutzen anzudrehen vermag, nämlich nach obigem Argumentationsschema als scheinbares Plädoyer für „allgemeinen Wohlstand durch florierenden Handel und Konsum", bei dem angeblich „alle" profitieren! Erst wenn man diese Zusammenhänge erkennt, versteht man auch, wie raffiniert derjenige oder diejenigen sein mußten, die sich dieses teuflische System der Geldwirtschaft ausgeheckt haben.

## DIE FALSCHE ART VON WIRTSCHAFTSWACHSTUM

Die Wirkung der Hereinnahme ungedeckten Geldes ist: ein Schuldendruck. Das Geld will, sollte, müßte gedeckt werden. Es ist wie mit aller Schuld: Wenn man sich verschuldet, setzt man sich unter einen ständigen Druck. Man beginnt der Zeit hinterherzulaufen. Wenn man z.B. krank werden würde, könnte man die versprochene Leistung nicht erarbeiten und würde im schlimmsten Fall bankrott gehen. Übertragen wir nun diesen Schuldendruck auf die Wirtschaft eines ganzen Staates (und das ist legitim, denn dort herrscht genau dasselbe Prinzip, wie ich es soeben beschrieben habe), so beginnt diese Wirtschaft sich selbst und ihren eigenen Verpflichtungen hinterherzuhecheln. Und da der Zinseszins, einfach durch allmähliches und unaufhaltsames Verstreichen der Zeit, die Schuldensumme stetig und nach völlig automatischer Rechenlogik erhöht, und nicht nur erhöht, sondern exponentiell anwachsend erhöht — und diese Exponentialfunktion ist unerbittlich wie eine sich zuschnürende Schlinge um den Hals der Schuldner! —, wird die Situation immer prekärer. Haben die Schulden, also die Menge des ungedeckten Kreditgeldes, ein bestimmtes Maß überschritten, so können sie nie und nimmer mehr zurückgezahlt werden. Und dann ist die Situation nicht nur prekär, sondern aussichtslos.

Aber noch ist das ja nicht herausgekommen, denn die Wirtschaft und das Finanzsystem flicken und basteln noch weiter vor sich hin und erzeugen einfach immer noch mehr ungedecktes Papiergeld — so daß scheinbar immer noch weiter bezahlt und das System am Laufen gehalten werden kann. Dann müssen einfach immer noch mehr die Steuern erhöht, diejenigen, die wirklich produktive Arbeitsleistungen erbringen (wie etwa der Mittelstand), geschröpft und sämtliche einfachen Leute immer noch mehr zum Arbeiten angetrieben werden, bis dieser ganze Apparat in einen verzweifelten, rasenden Galopp verfällt und nur noch von Tag zu Tag vorwärtsstürmt und sich dabei notdürftig aufrechterhält. Aber die Panik, die hinter alledem lauert, wird mehr und mehr spürbar und beginnt die Kultur und den Seelenfrieden der Menschen zu vergiften. Die Politiker wiederum müssen, da sie ihr Amt nicht verlieren wollen, immer mehr lügen, müssen gemeinsam mit den Medien, die ja ebenfalls vital in dieses System eingebunden sind, eine immer umfassendere Propaganda- und Ablenkungskampagne inszenieren, nur damit nicht herauskommt, woran es hinter den Kulissen wirklich hapert.

Genau das ist also letztlich die Wirkung des Falschgeldes, also des Geldes, wie wir es heute leider haben: Es wird eine unterschwellige Panik erzeugt, und das ganze Gemeinwesen wird Opfer seiner eigenen Gier und seines Selbstbetrugs — und seiner Einfältigkeit und Naivität, mit der es auf ausgekochte und raffinierte Trickbetrüger, nämlich die Großfinanziers, die hinter dem Bankensystem stehen, hereingefallen ist. Denn genau wie derjenige, der sich in unserem obigen Beispiel mit den 100 Euro etwas hat kaufen können, das ihm noch gar nicht zustand und für das er nichts Reales geleistet hat, verpraßt man sein unverdientes Kreditgeld und suggeriert sich damit einen Reichtum und Wohlstand, der in Wirklichkeit nur auf Lug und Trug basiert. Auf Dauer kann das natürlich nicht gutgehen, und es wird auch nicht gutgehen.

Warum sind diese einfachen und im Grunde auch für den Laien völlig durchschaubaren Zusammenhänge nicht allgemein bekannt? Und stellt sich diese Frage nicht umso dringlicher, wo doch offenbar das gesamte Wohlergehen unserer Zivilisation von diesem Verständnis abhängt bzw. durch dessen Verheimlichung im höchsten Maße gefährdet ist? Der Fehler liegt darin, das Selberdenken aus Bequemlichkeit und Gutgläubigkeit zu vernachlässigen und sich stattdessen auf Politiker und angebliche „Experten" zu verlassen, die von sich behaupten, das alles viel besser zu verstehen.

Dazu folgende aufschlußreiche Textpassage aus Goethes Gesprächen mit Eckermann *(www.eckermann.weblit.de/gespraeche.htm)*. Goethe und Eckermann unterhalten sich über Fortschritt und Stagnation in Forschung und Aufklärung. Eckermann bringt das Gespräch auf Professoren, die immer noch überholte Lehren vortragen, obwohl diese längst durch Forschungsergebnisse widerlegt worden sind:

*Das ist nicht zu verwundern", sagt Goethe. „Solche Leute gehen im Irrtum fort, weil sie ihm ihre Existenz verdanken; sie müßten umlernen, und das wäre eine sehr unangenehme Sache."*

*„Aber", sagt Eckermann, „wie können ihre Erkenntnisse die Wahrheit beweisen, da der Grund ihrer Lehre falsch ist?"*

*„Sie beweisen die Wahrheit nicht", sagt Goethe, „und das ist auch keineswegs ihre Absicht, sondern es liegt ihnen bloß daran, ihre Meinung zu beweisen. Deshalb verbergen sie auch alle solche Experimente, wodurch die Wahrheit an den Tag kommen und die Unhaltbarkeit ihrer Lehre sich darlegen könnte."*

*Goethe fährt fort: „Man muß das Wahre immer wiederholen, weil auch der Irrtum um uns her immer wieder gepredigt wird, und zwar nicht nur vom Einzelnen, sondern von der Masse, in Zeitungen und Enzyklopädien, auf Schulen und Universitäten."*

# LESEEMPFEHLUNGEN

Die Geldgeschichte ist reich an Beispielen, wie sich Fiatwährungen letzten Endes auswirken. Das erste im großen Stil durchgeführte Papiergeldexperiment ist jenes, das durch John Law um 1718 in Frankreich ins Leben gerufen wurde. Es endete, genau wie alle anderen Papiergeldwährungen, in einem veritablen Crash.

— John Law und das Mississippi-Projekt, zeitenwende.ch/boerse.de, 4.6.2001 *http://zeitenwende.ch/index2.php?option=com_content&do_pdf=1&id=49*

— John Law – Der reichste Mann der Welt, faz, 26.2.2004 http://www.faz.net/s/Rub4B891837ECD14082816D9E088A2D7CB4/Doc-E341781F9 B43344E9A0453D477D964A09-ATpl-Ecommon-Scontent.html

— Das erste Pyramidensystem der Geschichte…, firstclassmlm.com, 2008 *http://www.firstclassmlm.com/de/2008/03/18/pyramid-history/*

— Die Geister, die ich rief, Wirtschaftswoche, 1.10.2009 *http://www.wiwo.de/finanzen/diegeister-die-ich-rief-409197/*


# VIDEOHINWEISE

— Money as Debt – Geld als Schuld, gutes und anschauliches Video über das Geldsystem und seine Geheimnisse (Paul Grignon) *http://video.google.de/videoplay?docid=6433985877267580603*

— Fabian, der Goldschmied – Gib mir die Welt plus 5 Prozent, quasi die deutsche Variante des obigen Films; ebenfalls sehr sehenswert *http://video.google.com/videoplay?docid=8862164735311239449*

— Klartext! Die Finanzkrise und Verschuldungskrise, Michael Rehberger, leichtverständlicher, klarer Vortrag über das Fiatgeldsystem und den zu erwartenden Systemcrash *http://www.youtube.com/watch?v=G_YJHlE8UXY*

# Das FED-Komplott – ganz real und keine Verschwörungstheorie

*Kein Einzelstaat darf ... etwas anderes als Gold- und Silbermünzen zum gesetzlichen Zahlungsmittel erklären.*

Verfassung der Vereinigten Staaten von Amerika,
Artikel 1, § 10(1)

Die Existenz des US-amerikanischen FED *(Federal Reserve System)* beruht auf einem der folgenreichsten Komplotte der Menschheitsgeschichte: einem im Jahre 1910 bei einem Geheimtreffen auf Jekyll Island ausgeheckten Kartell privater Großbanken, dessen Auswirkungen mit einiger Wahrscheinlichkeit zum völligen Kollaps unseres Wirtschaftssystems führen wird.

## Zentralbanken dienen der Tarnung von Privatinteressen anonymer Fädenzieher

Als der englische König Wilhelm nach einem halben Jahrhundert Kriegsführung gegen Frankreich und zahlreichen Bürgerkriegen verzweifelt nach einer neuen Geldquelle suchte, wurde ihm 1694 von einer Gruppe von Privatleuten vorgeschlagen, eine Zentralbank zu akzeptieren, die unter anderem auf folgenden Regeln basierte: Die Bank würde das Monopol zur Ausgabe von Papiergeld erhalten; dieses wäre von nun an alleiniges gesetzliches Zahlungsmittel in England. Das Papiergeld wäre im wesentlichen ungedeckt. Für das von der Zentralbank bereitgestellte „Geld aus dem Nichts" sollte die Regierung Zinsen in Höhe von acht Prozent zahlen. Ferner könne die Privatwirtschaft nun ebenfalls Kredite bei der Bank aufnehmen (also ebenfalls Schulden machen) und würde auch dafür wieder Zinsen an die Zentralbank zahlen.

Schon von Anbeginn an ist Täuschung der Öffentlichkeit eines der bestimmenden Kennzeichen dieser Art von Geld-Institution. Denn bei dem neuen Konzept dieser Zentralbank, die sich mit dem irreführenden Titel „Bank of England" schmückte, handelte es sich nur dem äußeren Anschein nach um eine staatliche Einrichtung. In Wirklichkeit aber war es eine von anonymen Hintermännern kontrollierte Privatbank. Heute wird immer gerne das Argument angeführt, der private Status solcher Konstruktionen würde ihre „Unabhängigkeit" garantieren. Aber Unabhängigkeit wovon? Bei näherem Hinschauen wird man feststellen, daß es hier von vornherein um die Interessen einer kleinen privilegierten Clique geht, die die Steuerungsmacht über das gesamte Geldwesen eines Volkes erhält.

## DIE GRÜNDUNG DES *FEDERAL RESERVE SYSTEM*

Auch das *Federal Reserve System* war, ganz dem Modell der „Bank of England" als privater Zentralbank gemäß, 1910 von einer heimlich kooperierenden Interessengruppierung der mächtigsten amerikanischen Privatbankiers unter der Führung der beiden Großfinanzgruppen Rothschild und Rockefeller initiiert worden und hatte sich durch eine Reihe von geschickten Manipulationen 1913 im Kongreß mit dem sogenannten *Federal Reserve Act* legalisieren lassen. Damit wurde die Grundlage der heute weltweit dominierenden Falschgeldwährung, dem US-Dollar, geschaffen.

Das beste Buch zu diesem Thema, in dem das Treffen der reichsten Bankiers auf Jekyll Island vor der Küste von Georgia detailliert beschrieben wird, ist von G. Edward Griffin und trägt den Titel *Die Kreatur von Jekyll Island: Die US-Notenbank Federal Reserve — Das schrecklichste Ungeheuer, das die internationale Hochfinanz je schuf*. Es liest sich spannender als jeder Kriminalroman — was es ja auch ist.

Die konspirativen Umstände, unter denen die Geldadligen ihr Finanzkonzept aushecken, werden heute von niemandem mehr bestritten. Das Treffen war offiziell als Entenjagd getarnt worden. Der Gründer des Magazins Forbes, B. C. Forbes, berichtet 1916 darüber wie folgt:

*Stellen Sie sich eine Gruppe der größten Banker des Landes vor, wie sie sich in einem privaten Eisenbahnwaggon im Dunkel der Nacht davonstehlen, heimlich hunderte von Meilen gen Süden fahren, auf einer mysteriösen Barkasse einschiffen, sich auf eine bis auf ein paar Diener menschenleere Insel schleichen und dort eine ganze Woche unter derart rigoroser Geheimhaltung leben, daß der Name keines einzigen von ihnen je genannt wurde, aus Furcht, die Diener könnten die Identität feststellen und der Welt diese absonderlichste, allergeheimste Expedition in der Finanzgeschichte Amerikas enthüllen.*

*Ich bin fabuliere nicht. Ich liefere der Welt hier gerade erstmalig die wahre Geschichte, wie der berühmte Aldrich-Währungsbericht, die Grundlage unseres neuen Währungssystems, verfaßt wurde...*

*Alles unterlag der allerhöchsten Geheimhaltung. Die Öffentlichkeit durfte nicht den Hauch einer Ahnung davon bekommen, was zu tun war. Senator Aldrich benachrichtigte jeden, still und leise in ein Privatfahrzeug zu steigen, während die Bahngesellschaft Anweisungen hatte, es zu einem selten genutzten Bahnsteig zu bringen. Dann fuhr die Gruppe ab. Die omnipräsenten Reporter New Yorks sind so vereitelt worden...*

*Nelson (Aldrich) vertraute Henry, Frank, Paul und Piatt an, daß er sie auf Jekyll Island, abgeschnitten vom Rest der Welt, solange einsperren würde, bis sie ein künstliches Währungssystem für die Vereinigten Staaten entwickelt und zusammengestellt hätten — die wirkliche Geburt des gegenwärtigen Federal Reserve Systems...*

*Warburg ist die Verbindung, die das Aldrich System und das gegenwärtige System miteinander verbindet. Er war es, der mehr als jeder andere Mann getan hat, um das mögliche System in eine funktionierende Realität zu verwandeln."*

G. Edward Griffin, The Creature from Jekyll Island:
A Second Look at the Federal Reserve
*http://en.wikipedia.org/wiki/Jekyll_Island#Planning_of_the_Federal_Reserve_System*

Hintergedanke des Treffens war das Vorhaben, die mächtigsten Bankendynastien der damaligen Zeit — darunter J.P. Morgan, Rockefeller, Rothschild, Warburg und Kuhn-Loeb — in einem Kartell zu vereinen, mit dessen Hilfe jede der beteiligten Parteien, unter Ausschluß gegenseitiger Konkurrenz, ihre Interessen auf Kosten der Bevölkerung der Vereinigten Staaten würde durchsetzen können. Hierzu würde man die Führung über eine neu zu gründende private Zentralbank übernehmen, die sich am Modell der *Bank of England* orientieren würde. Die in der Sache nicht zutreffenden Begriffe „föderal" und „Reservesystem" wurden geschickt gewählt, um sich den Anschein einer Behörde und einer stabilen, vertrauenswürdigen Institution zu geben und vom privaten Bankencharakter der Einrichtung abzulenken.

1913 gelang es dem Kartell, dieses System, das im wesentlichen über die bereits beschriebenen drei Zaubertricks der Luftgeldschöpfung funktioniert, via *Federal Reserve Act* als Gesetz zu verankern. Hierdurch übergaben die Volksvertreter die Kontrolle und Regulation des Geldes endgültig in private Hände. Seitdem verfügt die FED über das Recht, eigenes Geld auszugeben. Dieses ist alleiniges gesetzliches Zahlungsmittel der USA; die amerikanische Regierung wurde verpflichtet, dafür zu garantieren.

Nach der Gründung der FED folgte der 16. Zusatzartikel der amerikanischen Verfassung, der es nun der Regierung ermöglichte, das persönliche Einkommen der US-Bürger zu besteuern. Damit hatten die internationalen Bankiers sich den indirekten Zugriff auf das Privatvermögen der amerikanischen Staatsbürger verschafft.

Die FED funktioniert nach einem ganz einfachen Prinzip: sie produziert „Federal-Reserve-Noten" = Dollarscheine, diese werden dann für Obligationen (Schuldverschreibungen) an die US-Regierung verliehen, die der FED als Sicherheit dienen. Diese Obligationen werden von der FED gehalten, die wiederum jährliche Zinsen darauf bezieht. Die Zinszahlungen durch den US-Steuerzahler steigen stetig an, und dabei hat die FED nur der US-Regierung Geld geliehen und dafür hohe Zinsen kassiert.

Mit der „Machtübernahme" durch die FED ist der seit Gründung der USA tobende Kampf zwischen Volk und Bankern zugunsten der letzteren entschieden — ein Umbruch, vor dem große historische Persönlichenkeiten und Gründungsväter der Vereinigten Staaten immer gewarnt hatten:

*Die Institution der Zentralbank ist ein tödlicher Widersacher der Prinzipien und der Form unserer Verfassung (constitution).*

Thomas Jefferson, dritter Präsident der Vereinigten Staaten von Amerika (1801–1809), hauptsächlicher Verfasser der amerikanischen Unabhängigkeitserklärung und einer der einflußreichsten Staatstheoretiker der USA

*Falls das amerikanische Volk jemals die Kontrolle über die Herausgabe ihrer Währung auf Banken übertragen sollte, werden*

*diese und die Firmen, die sich um sie bilden, unter dem Einsatz von Inflation und Deflation dem Volk solange ihr Eigentum wegnehmen, bis die Kinder obdachlos auf dem Kontinent aufwachen, den ihre Väter einst in Besitz nahmen.*

*Das Recht, Geld herauszugeben, soll den Bankiers fortgenommen und zurück auf den Kongreß und das Volk übertragen werden, dem es gehört. Ich glaube aufrichtig, daß Banken mit dem Recht, Geld herauszugeben, gefährlicher für die individuellen Freiheitsrechte sind als stehende Armeen.*

Thomas Jefferson

1941 wurde Marriner Eccles, damaliger Präsident des Federal Reserve System, vom Kongreßabgeordneten Wright Patman bei einer Anhörung nach der Herkunft von zwei Milliarden US-Dollar für den Kauf von Regierungsanleihen gefragt:

*Eccles:*    *Wir erschufen es.*
*Patman:*  *Woraus?*
*Eccles:*    *Aus dem Recht, Kreditgeld herauszugeben.*
*Patman:*  *Und es steht nichts dahinter, wirklich nichts, außer der Kreditwürdigkeit unserer Regierung?*
*Eccles:*    *So ist unser Geldsystem. Gäbe es keine Schulden, gäbe es kein Geld.*

Mit anderen Worten: Kreditgeld (Fiat-Geld) ist Schulden. Wer Schulden macht, veranlaßt die Bank, hierfür Geld zu erschaffen und in Umlauf zu bringen — wofür sie dann Zinsen einzieht, an denen sie verdient. Daher: Die Bank bereichert sich an der Verschuldung, die entsteht. So ist nun fast alles Geld nicht Wertspeicher, sondern Mittel der Schuldsklaverei und Umverteilung.

## DER WIDERSTAND GEGEN DIE FED NIMMT ZU

Inzwischen gibt es in den USA wieder verstärkte Bestrebungen, eine Offenlegung der Machenschaften der FED gegenüber demokratischen Instanzen zu erreichen (Stichwort: *audit*) — bislang vergeblich. Was wie ein inneramerikanisches Problem erscheint, betrifft in Wahrheit die gesamte Welt. Denn Weltleitwährung ist immer noch der US-Dollar der FED, und der 1694 installierte Abschöpfungstrick funktioniert heute besser denn je, da die Schuldensumme inzwischen ins Astronomische gewachsen ist und immer schneller explodiert.

*The financial system [...] has been turned over to the Federal Reserve Board. That board administers the finance system by authority of [...] a purely profiteering group. The system is private, conducted for the sole purpose of obtaining the greatest possible profits from the use of other people's money.*

*This Act [Federal Reserve Act of 1913] establishes the most gigantic trust on earth. When the President signs this bill, the invisible government by the Monetary Power will be legalized. The people may not know it immediately, but the day of reckoning is only a few years removed. The trusts will soon realize that they have gone too far even for their own good.*

*The people must make a declaration of independence to relieve themselves from the Monetary Power. This they will be able to do by taking control of Congress. Wall Streeters could not cheat us if you Senators and Representatives did not make a humbug of Congress... The greatest crime of Congress is its currency system. The worst legislative crime of the ages is perpetrated by this banking bill. The caucus and the party bosses have again operated and prevented the people from getting the benefit of their own government.*

Charles August Lindbergh, US-Kongreßabgeordneter und Vater
des Atlantikfliegers Charles Lindbergh

*We have in this Country one of the most corrupt institutions the world has ever known. I refer to the Federal Reserve Board and the Federal Reserve Banks, hereinafter called the Fed. The Fed has cheated the Government of these United States and the people of the United States out of enough money to pay the Nation's debt. The depredations and iniquities of the Fed has cost enough money to pay the National debt several times over.*

*This evil institution has impoverished and ruined the people of these United States, has bankrupted itself, and has practically bankrupted our Government. It has done this through the defects of the law under which it operates, through the maladministration of that law by the Fed and through the corrupt practices of the moneyed vultures who control it.*

*Some people who think that the Federal Reserve Banks are United States Government institutions. They are private monopolies which prey upon the people of these United States for the benefit of themselves and their foreign customers; foreign and domestic speculators and swindlers; and rich and predatory money lender.*

Louis T. McFadden, US-Kongreßabgeordneter, 1934. Er erstattete
Anzeige gegen den Board of Governors des FED mit der Begründung
krimineller Akte, darunter Konspiration und Betrug. Es wurden auf
ihn zwei Mordanschläge (durch Erschießen und Vergiften) verübt,
siehe Wikipedia (en) sowie Louis T. McFadden (1876-1936):
An American Hero

Der texanische Kongreßabgeordnete Ron Paul ist wohl einer der letzten glaubwürdigen und  aufrechten Politiker unserer Tage. Als Unabhängiger, der nicht, wie fast alle seiner Konkurrenten und z.B. auch der gegenwärtige Präsident Obama, von Wirtschafts-, Bank- oder Rüstungskonzernen bezahlt und damit von diesen beeinflußt wird, spricht er mit eigener Stimme. Dies führte dazu, daß er von den amerikanischen Mainstream-Medien zumeist totgeschwiegen und ausgegrenzt worden ist, während er im Internet eine überdurchschnittliche Popularität genießt.

Ron Paul gehört zu den wenigen US-Politikern, die den Mut haben, das Gebaren der FED offen anzuprangern. Er fordert eine Rückkehr zu den Prinzipien der US-Verfassung, in der Münzen aus echtem Gold und Silber als gesetzliche Zahlungsmittel festgeschrieben sind und dem Kongreß die alleinige Hoheit über die Währung zugebilligt wird. Im September 2009 erschien das neue Buch von Ron Paul mit dem Titel „End the Fed" auf dem Markt. (Deutscher Titel: „Befreit die Welt von der US-Notenbank! Warum die Federal Reserve abgeschafft werden muß")

# Lese- und Videohinweise

— G. Edward Griffin: Die US-Notenbank Federal Reserve — Das schrecklichste Unge-heuer, das die internationale Hochfinanz je schuf, Kopp, 2006

— The Money Masters - How International Bankers Gained Control of America (Google, 3:35 Std.) *http://video.google.com/videoplay?docid=-1138597812890776821*

— The Creature from Jekyll Island - A Second Look at the Federal Reserve (70 Minuten, 12 Teile), G. Edward Griffin, *http://www.youtube.com/watch?v=7auQEXTWomA*

— Money, Banking and the Federal Reserve, Ludwig von Mises Institute *http://www.you-tube.com/watch?v=iYZM58dulPE*

— Die Legitimität des FED und die Verschwörung um die Verschwörungstheorien, Jakobus Dorloff, zeitkritiker.de, 20.7.2009 *http://www.zeitkritiker.de/index.php/wirtschaft-und-finanzen/rolle-der-banken/176-die-legitimitaet-des-fed-und-die-verschwoerung-um-die-ver-schwoerungstheorien*

— Die Geheimnisse der US-Notenbank, Wolfgang Freisleben, zeitfragen.ch, 3.1.2008 *http://www.zeit-fragen.ch/index.php?id=2314*

— Dieses System führt uns geradewegs in den Ruin! — Oder: Das Karussell von Papiergeld - Blasen - Inflation, A. Radan, 10.12.2009 *http://www.investorwissen24.de/krisecrash/news/dieses-system-fuehrt-uns-geradewegs-in-den-ruin/*

— Who owns the Federal Reserve? 22.9.2008 *http://www.youtube.com/watch?v=bLCHWhmyn8w*

— Wollte John F. Kennedy das Währungssystem reformieren? theintelligence.de, 30.8.2010 *http://www.theintelligence.de/index.php/wissenschaft/geschichte/1363-wollte-john-f-kennedy-das-waehrungssystem-reformieren.html*

— Die Jahrhundertlüge, die nur Insider kennen, Heiko Schrang, fid-berlin.de, 23.11.2010 *http://www.fid-berlin.de/index.php?main=geldweltsystem*

# DER JAHRHUNDERT-BETRUG

*US-Defizit steigt auf 1,8 Billionen Dollar*
*Washington - Im US-Haushalt klafft ein riesiges Loch: Das Defizit*
*steigt in diesem Jahr um 89 Milliarden Dollar (66 Milliarden Euro)*
*auf über 1,8 Billionen Dollar (1,3 Billionen Euro), teilte die US-*
*Regierung am Montag mit. Das entspreche 19,9 Prozent des Brut-*
*toinlandsprodukts. (....) Die Regierung muß fast die Hälfte ihrer*
*geplanten Ausgaben in diesem Jahr mit Geldaufnahmen finanzieren.*
*Das Etatdefizit für das im Oktober beginnende nächste Haushalts-*
*jahr wird sich nach Prognosen des Weißen Hauses auf 1,3 Billionen*
*Dollar belaufen.*

spiegel.de am 11.5.2009 / wie/AP/Reuters

## GELD ALS SCHULD

Geld ist quasi ein „Gutschein", mit dem eine Leistung beansprucht werden kann. So hat es sich in der Geschichte der menschlichen Kulturen
eingebürgert. Um ein Schuld- oder Leistungsversprechen einzugehen, hän-
digte man den Gutschein aus. Wurde die Schuld beglichen, dann wurde der
Zettel vernichtet. Allgemein akzeptierte Gutscheine wurden zu legalem Geld
und konnten innerhalb des Wirtschaftskreislaufs zirkulieren. Man reichte
sein Anrecht auf Begleichung der Schuld an den nächsten Geschäftspartner
weiter, der dieses dann auf Verlangen wiederum in einen entsprechenden
Gegenwert eintauschen konnte. Die Schuld wird damit losgelöst vom spezi-
ellen Schuldverhältnis und erhält allgemeinen Verkehrswert.

Wenn man diesen einfachen Zusammenhang verstanden hat, dann versteht man auch die Natur des Geldes als Schuld. Würde sämtliche Schuld
beglichen, wäre damit auch alles Geld wieder vernichtet — weil es durch
Eintauschen in den entsprechenden Gegenwert wieder überflüssig geworden
wäre.

Jegliches Geld, das existiert, stellt daher eine Verschuldung dar und verweist, aufgrund der komplementären Beziehung zwischen Schuldner und
Gläubiger, auf eine Instanz, die Forderungen zu stellen hat. Das wird oft

vergessen: Man sieht nur noch das Geld (als Besitz, Vermögen, Guthaben), aber vergißt den, der sozusagen am stärkeren Hebel sitzt: den Gläubiger, also den, auf den die Ansprüche zulaufen und der dadurch in eine Machtposition gelangt.

Anfangs wurden seltene, wertvolle, nicht beliebig herstellbare Materialien wie Gold und Silber als Geld verwendet. Dies garantierte die Fälschungssicherheit. In modernen Zeiten kam man auf die Idee, Papiergutscheine zu drucken, weil diese leichter zu transportieren waren als das „echte Geld", also Gold oder Silber. Dollar, Pfund — das waren ursprünglich Münzeinheiten in Edelmetallen. Für den Zettel, auf dem „Dollar" oder „Pfund" stand, konnte man sich dann einen echten Dollar bzw. ein echtes Pfund auszahlen lassen, und zwar ohne weitere Ausweis- oder Nachweispflicht.

In diesem Kapitel soll nun näher untersucht werden, wie aus echtem, gedecktem Geld Falschgeld, also ungedecktes Geld wurde. Dazu gehen wir nun näher auf die zuvor kurz angesprochenen „Zaubertricks" ein, mit denen beim aktuell herrschenden Finanzsystem Geld „aus dem Nichts" erschaffen wird.

STAATSANLEIHEN

Staatsanleihen sind der klassische Anwendungsfall von Trick 1: Ausgabe von Schuldscheinen und Gleichsetzung von Schuldgeld mit gedecktem Geld (und somit „Verwässerung" des Geldes).

In allen Epochen der Menschheitsgeschichte gelangten Regierungen und Herrscher in Geldnot, insbesondere wenn es darum ging, extravagante Projekte zu finanzieren und Kriege zu führen. So fühlte man, da man zugleich die Gewalt der Obrigkeit innehatte und dem Volk damit auch unpopuläre Verordnungen aufzwingen konnte, sich immer wieder der Verlockung ausgesetzt, mehr Geld zu schaffen, als tatsächlich in Form der unmanipulierbaren Mengen an Edelmetallen zur Verfügung stand. In der Geldgeschichte nannte man das „Münzverschlechterung" — die Münzen enthielten Legierungen edler und unedler Metalle; der volle Wert der Zahlungsmittel wurde schrittweise verwässert. Dies führte immer wieder zu Aufständen und Protesten seitens der Bevölkerung, die sich gegen derartige Enteignungen zur Wehr setzte.

Bereits 1776 hatte Adam Smith in seinem Buch „Wealth of Nations" gegen derartige Machenschaften seine Stimme erhoben. Regierungen würden dazu neigen, ihre Schulden nicht zurückzuzahlen, sondern würden stattdessen zwangsläufig auf den Staatsbankrott zusteuern.

Gerade das oben schon angesprochene Papiergeld ermöglichte eine besonders effektive Form der Geldverschlechterung. Man könnte doch einfach mehr Papiergutscheine ausgeben, als Deckung durch echtes Geld vorhanden war. Was hier fehlte, war noch die passende Rechtfertigung. Der erste Betrugstrick, den alle Regierungen bzw. ihre Politiker gerne anwandten, um mehr Mittel an die Hand zu bekommen, als an Deckung durch echtes Geld vorhanden war, bestand in Staatsanleihen. Auf die entsprechende Szene in Goethes Drama *Faust II*, wo dieser Trick sehr anschaulich demonstriert wird, gehen wir noch in einem gesonderten Kapitel ein.

Heutige Bürger verstehen aber leider schon gar nicht mehr, was daran überhaupt Betrug sein soll. Schließlich bekommen sie ja tagein tagaus in den Medien ebendiese Staatsanleihen als etwas ganz Normales und Selbstverständliches präsentiert. „Der Staat" vergibt eben Anleihen, also Schuldscheine — was soll daran schlecht sein? Dem naiven Pöbel in Goethes Theaterstück ähnlich, der durch Gedankenlosigkeit, Gier und Oberflächlichkeit sofort von den bequemen Vorzügen des Papiergeld eingenommen wird, glaubt auch der heutige Bürger, der Staat könne und werde schon genügend Sicherheit bieten, um eine Wertdeckung dieses Schuldgeldes zu gewährleisten. Aber fragen wir doch mal ganz einfach: Worin besteht denn hier die Deckung? Was wird als Gegenwert bereitgestellt? Das Gesamte eines Gemeinwesens: also im Grunde das Eigentum der Staatsbürger selbst, nur hier als anonymes Kollektiv genommen. Etwa die von kommenden Generationen zu erbringende Wirtschaftsleistung, außerdem Grund und Boden, sowie die darin befindlichen Rohstoffe.

Alles das als Gegenleistung zu erbringen, wird aber gar nicht wirklich in Erwägung gezogen. Es handelt sich nur um einen im Kern sehr primitiven Vorwand, eine hohle Phrase. Es geht bloß darum, „irgend etwas" als angebliche Deckung von de facto ungedecktem Geld herzunehmen und denen, die nicht weiter nachdenken, vor die Nase zu halten. Die Banken bzw. die Hintermänner des Finanzwesens interessiert das nicht; sie interessiert nur der Verschuldungsprozeß als solcher — und woher diese wohlwollende Toleranz kommt, darauf gehen wir gleich noch näher ein.

Und um es klipp und klar beim Namen zu nennen: Der Staat hat auch gar nicht vor, seine Schulden jemals zurückzuzahlen, sondern die Route, die er einschlägt, ist das *never pay model!*

Ein Beispiel aus der neueren Geschichte: Schon seit längerem befindet sich der zur EU gehörende Staat Belgien in einer Dauerkrise. Zu stark divergieren die Interessen des flämischen Teils und des wallonischen Teils, die sich nicht nur in der Kultur, sondern sogar noch in ihrer Muttersprache unterscheiden. Ein Auseinanderbrechen beider Teile rückte im Verlauf des Jahres 2010 immer näher. Käme es nun zu einer Verschmelzung des ersten Teils mit den Niederlanden und des zweiten Teils mit Frankreich, was würde dann aus den Staatsschulden (sprich: den belgischen Staatsanleihen) geschehen? Es würde sich nun offen die normalerweise unter der Decke gehaltene Frage *nach Eintreibung der Schulden* stellen, und es würde sich sofort zeigen, daß diese Schulden nicht mehr beglichen werden könnten. Dieses Beispiel offenbart sofort den hohlen Blasencharakter eines derartigen, nur scheinbar gedeckten Kredit- und Schuldgeldes.

## MULTIPLE GELDSCHÖPFUNG

Nun zu Trick 2, dem sogenanntem *fractional banking* bzw. der *multiplen Giralgeldschöpfung:*
Wenn man schon einmal per Papiergeld Ansprüche auf echte Werte garantieren kann, und wenn dieses Papiergeld nach und nach in den Köpfen der Menschen zu einem aus sich selbst heraus werthaltigen Zahlungsmittel geworden ist, warum dann nicht einfach nur weiteres Geld erzeugen und in Umlauf bringen? Ganz so einfach geht das natürlich nicht, denn dann würde solches Geld sofort wertlos werden. Also geht man einen Zwischenschritt: die Deckung wird verwässert. Man verlangt eine *Mindestreserve,* auf der nicht nur eine, sondern gleich eine Anzahl von Zahlungsversprechungen aufgetürmt werden.
Nehmen wir an, der Staat gibt einen Geldschein heraus, auf dem steht, daß er gegen eine Goldunze eingelöst werden kann. Dann kursiert dieser Geldschein genau so, als hätte er den Wert einer Unze Gold — denn jeder fühlt sich sicher, bei Bedarf zur Zentralbank gehen und dort einen Schein wieder in Gold zurücktauschen zu können. Die Zentralbank druckt nun

mehr und mehr solcher Geldscheine. Es stellt sich heraus, daß nur noch die wenigsten tatsächlich das entsprechende Gold sehen wollen, denn sie können ja mit dem Papierschein überall im Wert von einer Goldunze einkaufen. Dadurch, daß kaum etwas umgetauscht wird, kann sich die Regierung auf einfache Weise mehr Finanzmittel erzeugen: Sie druckt einfach weitere Geldscheine, auf denen jeweils die gleiche Zahlungszusage steht.

Man kam nun auf die glorreiche Idee, einen bestimmten Mindestreservesatz von z.B. 5% an real vorhandenem Gold der entsprechenden Menge von Papiergeld in Höhe von auszahlbaren Goldunzen gegenüberzustellen — und somit das scheinbar zur Verfügung stehende Geldvermögen des Staates entsprechend zu erhöhen. Diese Methode wird *Goldstandard* genannt. Durch dieses nicht mehr 1:1 garantierbare, nur scheinbare Decken der Papiergeldmenge wird natürlich, das sollte hier klar geworden sein, ebenfalls ein Betrug vorgenommen. Die Geldgeschichte zeigt, wie sich das Verlassen der 1:1-Wertdeckung als grundsätzlicher „Sündenfall" erwies und gleich die nächsten, noch weiter fortschreitenden Verwässerungen der Gelddeckung einleitete. Basiert der Goldstandard auf gesetzlich festgelegten 5%, so kann man doch genauso gut drei oder zwei oder weniger Prozent zugrundelegen, und das System funktioniert nach außen hin genauso. Am Ende verläßt man dann, wie in den USA 1971 unter Nixon geschehen, komplett jegliche Wertdeckung und druckt bloßes Papiergeld ohne jegliche Eintauschmöglichkeit.

Sehr ähnlich funktioniert das *fractional banking* im Bankenwesen. Die Bank benötigt nur eine Mindestreserve von 2% und kann sich damit ihre 100% verfügbaren, an Kunden zu verleihenden Geldmittel besorgen. Am besten läßt sich das anhand eines einfachen Beispiels veranschaulichen. (Wir stützen uns bei dieser Veranschaulichung auf die offiziellen Materalien der Bundesbank zur Multiplen Geldschöpfung (siehe Anmerkungen weiter unten) sowie auf die bei Gerhard Kastner, *www.das-bewegt-die-welt.de*, Artikel „Multiple Giralgeldschöpfung", 11.4.2008, gezeigte Erläuterung.)

*Fall 1:*
Bank 1 vergibt einen Kredit an Kunden A und schreibt das Geld seinem Konto gut. Kunde A begleicht damit eine Rechnung und überweist das Geld an Bank 2.

=> *Keine Veränderung der Geldmenge*

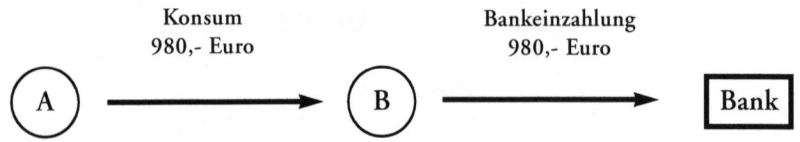

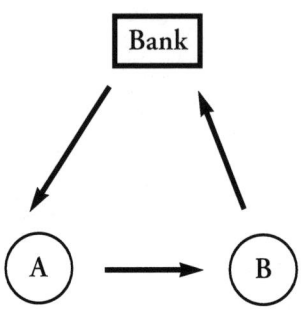

Konsum
980,- Euro

Bankeinzahlung
980,- Euro

A → B → Bank

*Kunde bezahlt eine Rechnung -*
*das Geld wird wieder bei der Bank eingezahlt ...*

Bank

A → B

*... der Kreislauf ist geschlossen*

*Fall 2:*
Bank 1 vergibt das Guthaben als Kredit an Kunde A und schreibt den Kreditbetrag dessen Konto gut.

=> *Die Geldmenge steigt*

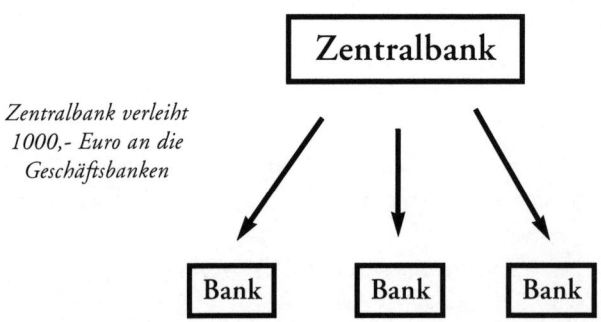

*Zentralbank verleiht*
*1000,- Euro an die*
*Geschäftsbanken*

Zentralbank

Bank    Bank    Bank

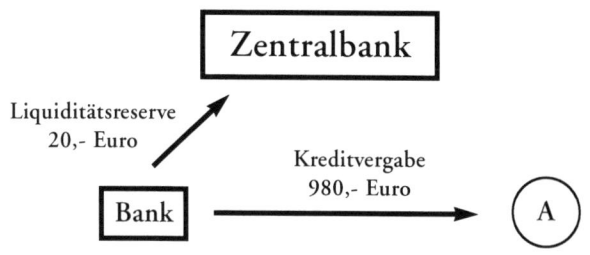

*Geschäftsbanken verleihen Geld an ihre Kunden und müssen eine Reserve bei der Zentralbank hinterlegen*

Warum steigt hier die Geldmenge? Weil die Bank das Geld nicht unter Passiva (Schulden), sondern unter Aktiva (Guthaben) verbucht. Das ist der springende Punkt, und es ist wichtig, daß Sie diesen verstehen. Es handelt sich in diesem Fall um sogenanntes „Giralgeld" (durch Ausleihung erzeugtes Schuldgeld). Genau an dieser Stelle wird neues Geld geschaffen — aus dem Nichts!

Der beschriebene Vorgang der multiplen Giralgeldschöpfung könnte nun theoretisch unendlich oft wiederholt werden. Eingeschränkt wird er nur durch die Liquiditätsreserve, die die Banken bei der Zentralbank halten müssen (nämlich 2% an tatsächlicher Deckung).

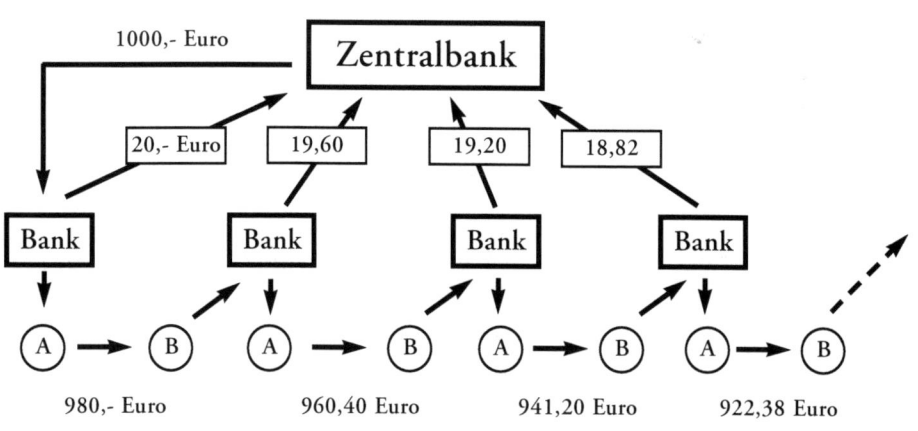

*neues Geld ist entstanden*

Welche Geldmenge wird aus 1.000,- Euro Zentralbankgeld „erschaffen"?

| Bank 1 | Liquiditätsreserve: | 20,- Euro | Kreditvergabe: | 980,- Euro |
| Bank 2 | Liquiditätsreserve: | 19,60 Euro | Kreditvergabe: | 960,40 Euro |
| Bank 3 | Liquiditätsreserve: | 19,20 Euro | Kreditvergabe: | 941,20 Euro |
| usw. | | | | |

Der Prozeß der multiplen Giralgeldschöpfung endet, wenn der gesamte ursprüngliche Betrag von 1000,- Euro in der Liquiditätsreserve festgelegt ist: 1.000,- Euro = 0,02 x Guthaben.

Bei einem Liquiditätsreservesatz von 2% entsteht so aus einem ursprünglichen Geldvermögen von 1.000,- Euro durch die Geldschöpfung eine Geldmenge von 50.000,- Euro.

Giralgeld wäre seiner Natur nach kein vollwertiges Geld, da es ja noch gar nicht über Deckung verfügt. Aber dadurch, daß es, anders als in Fall 1, in den Geldkreislauf eintritt und dort als dem Warengeld (also „echtem", gedecktem Geld) gleichwertig gehandelt wird und letztlich von diesem nicht mehr zu unterscheiden ist, erhält es volle Geldnatur.

EINE ERBITTERTE DISKUSSION

B ei den meisten sträubt sich an dieser Stelle mit Recht der gesunde Menschenverstand, wie z.B. die leidenschaftlichen Auseinandersetzungen auf der Diskussionsseite des Wikipedia-Artikels zum Stichwort „Geldschöpfung" beweisen. In einem häufigen Reflex wird die oben präsentierte Rechenlogik dann gerne sehr schnell in den Bereich der „Verschwörungstheorie" gerückt. Wie ich bei einigen Recherchen in einschlägigen Themenforen bemerkt habe, entsteht bei der Frage, inwieweit hier Geld aus dem Nichts geschöpft werde oder eben doch noch irgendwie wertgedeckt sei, sofort große Aufregung, und es kommt sehr schnell zu persönlichen Beschimpfungen. Man versucht diejenigen, die den Mechanismus hinter Trick 2 ansprechen, als unglaubwürdig und charakterlos hinzustellen. Der Tenor des Mainstreams ist immer noch, eine scharfe Grenze zu ziehen: hier seriöses Bankwesen, dort die angeblichen Verschwörungstheoretiker und Verrückten. Der entstehende Aggressionsdruck, der sich hier entlädt, erklärt sich aus einer unterschwelligen Angst, daß an tiefen Grundüberzeugungen gerüttelt wird und damit der eigene Glauben in die Rechtschaffenheit von Gesellschaft und Kultur bedroht ist. Aus ebendiesem Grund soll hier auch mehr ins Detail gegangen und auf gewisse Feinheiten hingewiesen werden, die sich erst bei genauerem Hinschauen zeigen. Denn schließlich geht es hier immer um eine sorgsam verhüllte Grenzlinie zwischen Täuschung und Wahrheit.

Besonders pikant — und für Mainstream-Gläubige sicher ein schwerer Schlag ins Kontor: Ausgerechnet die Deutsche Bundesbank propagiert die angebliche „Verschwörungstheorie" einer Geldschöpfung aus dem Nichts, wie man herausfindet, wenn man sich mit ihren einschlägigen Publikationen beschäftigt. So findet sich in der aktuellen Broschüre von 2010 z.B. folgende Auskunft:

> ### Geldschöpfung der Geschäftsbanken
> *Die Geschäftsbanken können auch selbst Geld schaffen, das soge-*
> *nannte Giralgeld. Der Geldschöpfungsprozeß durch die Geschäftsban-*
> *ken läßt sich durch die damit verbundenen Buchungen erklären:*
> *Wenn eine Geschäftsbank einem Kunden einen Kredit gewährt, dann*
> *bucht sie in ihrer Bilanz auf der Aktivseite eine Kreditforderung*
> *gegenüber dem Kunden ein – beispielsweise 100.000 Euro. Gleich-*
> *zeitig schreibt die Bank dem Kunden auf dessen Girokonto, das auf*
> *der Passivseite der Bankbilanz geführt wird, 100.000 Euro gut. Diese*
> *Gutschrift erhöht die Einlagen des Kunden auf seinem Girokonto – es*
> *entsteht Giralgeld, das die Geldmenge erhöht.*
>
> Bundesbank: Geld und Geldpolitik, 2010, S. 89
> *http://www.bundesbank.de/download/bildung/geld_sec2/geld2_gesamt.pdf*

Das ist ja schon einmal höchst interessant. Wir finden hier den wichtigen Punkt angesprochen, daß die Kreditforderung der Bank an den Kunden als *Aktivum* (Guthaben) gebucht wird *und so Geld aus dem Nichts erzeugt wird.* Das läßt sich jetzt wohl schlecht leugnen.

Aber was ist mit der Multiplen Geldschöpfung? Die kommt ja hier nicht vor. Zu unserem Erstaunen finden wir dieses Thema aber in einer *früheren* Textfassung, nämlich derjenigen von 2007! Dort lautet die Überschrift auch nicht „Das Bankensystem", sondern, nomen est omen: „Die Banken als Geldproduzenten". Und da steht:

*Bei der Giralgeldschöpfung unterscheidet man die „aktive" und die „passive" Geldschöpfung der Banken. So entsteht Giralgeld durch Einzahlung von Bargeld auf Girokonten. Bei dieser „passiven" Form der Giralgeldschöpfung ändern sich die gesamten Geldbestände der Wirtschaft (also Giralgeld in Händen der Nichtbanken plus Bargeld) nicht. Daneben ist das Bankensystem aber auch in der Lage, durch Gewährung von Krediten aktiv Giralgeld entstehen zu lassen und damit die Geldmenge insgesamt zu erhöhen.*

Bundesbank: Geld und Geldpolitik, 2007, S. 59
*http://www.meudalismus.dr-wo.de/geld2_gesamt__2007_.pdf*

Es folgt dann auf S. 60 und 61 ein ausführliches Beispiel für die „aktive Geldschöpfung durch Kreditvergabe". Und weiter unten:

**Multiple Giralgeldschöpfung**
*Die „Überschußreserve" im Bankensystem wird immer kleiner. Der Prozeß der Giralgeldschöpfung wird dadurch gebremst. Jede einzelne Bank kann immer nur einen Bruchteil ihres Liquiditätszuflusses ausleihen. Trotzdem sind am Ende die Einlagen im Bankensystem – das Giralgeld – um ein Mehrfaches derjenigen Einlage gestiegen, die durch die ursprüngliche Kreditgewährung entstanden ist. Man spricht deshalb auch von der „multiplen Giralgeldschöpfung" (multipel = vielfach).*

Bundesbank: Geld und Geldpolitik, 2007, S. 62
*http://www.meudalismus.dr-wo.de/geld2_gesamt__2007_.pdf*

Ein weiterer in der neuen Ausgabe wegretuschierter Absatz gefällig?

*Der Geldschöpfungsprozeß erscheint damit wie Zauberei: Die Banken schöpfen anscheinend selbst Geld, ohne die Deutsche Bundesbank nötig zu haben. Einer höheren Forderung an die Nichtbanken stehen höhere Einlagen derselben gegenüber: Die Geldmenge ist gewachsen. Aber so einfach ist das alles doch nicht.*

Natürlich nicht! Bevor einer auf falsche Gedanken kommen könnte, wird noch rechtzeitig an die Mindestreserve erinnert. Damit sind alle, die Gefahr liefen, an der vollständigen Wertdeckung des Geldes zu zweifeln, wieder schnell beruhigt.

Bei der aktuellen Ausgabe (2010) läßt man sich nun auf derlei gefährliche Themen gar nicht erst ein. Man hat die verfänglichen Passagen, die die Natur von Trick 2 zu deutlich ansprechen, einfach ausgetilgt und die ebenfalls „verdächtige" Überschriftsformulierung, in der die Banken als *Geldproduzenten* bezeichnet werden, gestrichen.

So wird der gemeine Bürger weiterhin in dem Glauben gelassen, daß Geschäftsbanken nur jenes Geld verleihen könnten, das sie zuvor von Sparern erhalten haben — *und genau das ist die Grund- und Hauptlüge des Falschgeldsystems.* Merken Sie die propagandistische Gratwanderung? In der Sache kann und wird die Bundesbank sicher nicht lügen (können), denn das Geldsystem funktioniert nun mal so, wie es eben funktioniert, nämlich als System ungedeckten Geldes „aus dem Nichts". Aber der Hintergedanke ist dann wohl dieser: *Was man nicht weiß, macht einen nicht heiß.* Paßt dieses Sprichwort hier nicht besonders gut?

Denn wie immer wieder seitens der Luftgeldbefürworter und Bankiers betont wird: Alles basiert auf Vertrauen. Das bedeutet in diesem Fall aber nichts anderes, als daß der Wert eines derartigen Geldtyps davon abhängig ist, daß obiger falscher Glauben des gemeinen Bürgers nicht korrigiert wird — und daß man dann einfach alle, die ihn in Gefahr bringen, als böswillige Spinner und Verrückte ausgrenzt. *Multiple Geldschöpfung ist Mehrfachbeleihung, und Mehrfachbeleihung ist Schwindel und Übervorteilung, nichts anderes.* Mit Vertrauen hat das nur insofern zu tun, als man dem Übervorteilten seine eigene Einfältigkeit zu etwas Wertvollen und zu einer lobenswerten Charaktereigenschaft hochlobt.

G. Edward Griffin bringt folgendes einfache Beispiel, das sofort klarmachen müßte, was an dieser Art von Umgang mit Eigentumswerten faul ist:

*Sobald wir unseren Hut an der Garderobe eines Restaurants abgeben und dafür einen Bon entgegennehmen, erwarten wir schließlich auch nicht, daß die Frau hinter dem Schalter denselben Hut anderen Leuten ausleiht, während wir essen, in der Hoffnung, daß wir den Hut — oder einen ähnlichen — zum Zeitpunkt unseres Aufbruchs zurückerhalten. Wir erwarten, daß alle Hüte an dieser Stelle bleiben und daß wir sie zum Zeitpunkt unseres Aufbruchs von der Garderobefrau zurückerhalten!*

*Wenn jedoch die Bank uns sagt, sie würde unser Geld in der Zwischenzeit an andere Personen ausleihen, damit wir ein bißchen Zinsen dafür bekommen, so muß sie uns darüber informieren, daß wir das Geld nicht auf Verlangen jederzeit zurückerhalten können. Weshalb? Weil es inzwischen weitergereicht wurde und gar nicht mehr im Tresor liegt.*

*Die Banken reizen nur ihren Vorteil aus in der Annahme, daß meistens alles gutgehen wird.*

G. Edward Griffin: Die Kreatur von Jekyll Island, S. 52 f.

Trick 2 ist genauso faul wie Trick 1. Deshalb spreche ich hier auch Klartext und verwende das passende Wort *Betrug*. Eigenart des geltenden Bankenwesens ist es aber, Unehrlichkeit mit einem Nebel aus pseudo-ethischen Rechtfertigungen und pseudo-wissenschaftlichem Wortgeklingel zu umgeben — und damit steht es im Staat leider nicht allein. Zugleich wird die Wahrheit in den Erziehungsinstitutionen ganz einfach durch Nicht-Erwähnung ausgeblendet. Man kann durchaus an Universitäten Ökonomie studieren, ohne je über die grundlegenden Punkte aufgeklärt zu werden.

## Welches wäre die faire Variante?

Natürlich gibt es, wo es eine Betrugsvariante gibt, auch eine komplementäre faire Variante, mit der der heimtückische Trick rückgängig gemacht werden könnte. Ganz einfach: *Die Mehrfachbeleihung muß abgeschafft werden.* Die Schwelle ist hier, daß sich das von den FED-Hintermännern ersonnene System bereits seit einem Jahrhundert so fest etabliert hat, daß es den damit Befaßten als selbstverständlicher erscheint als die ehrliche Regelung. So wird zum Beispiel jedem Studenten und jedem Lernenden des Bankwesens erklärt, es gäbe gar keine andere Methode, mit der das System funktionieren könne. Die Geldmenge müsse „elastisch" sein, um mit der steigenden Produktivität der Wirtschaft „mitwachsen" zu können.

Mit diesem Argument wird geschickt Ursache und Wirkung vertauscht. Es ist auch dasselbe Argument, mit dem dann ein wertgedecktes Echtgeld (also z.B. Edelmetalle) schlechtgeredet wird, denn dieses habe ja nicht die gewünschte nützliche Eigenschaft des „Mitwachsens". Ursache ist der Schwindel der ungedeckten Geldschöpfung, nicht das Wirtschaftswachstum. Durch Kombination von Trick 2 (Multiple Geldschöpfung) und Trick 3 (Zinseszins auf Schulden) entsteht nicht nur eine Möglichkeit, sondern ein *Zwang* zum Wachstum, der sich auf ganze Staaten und Kulturen sowie auf die darin lebende Gesamtheit der Menschen auswirkt und deren Leben zu einem bloßen Rennen im Hamsterrad des Leistens und Produzierens degradiert. Während dann im Hintergrund die versteckte Umverteilung nach oben stattfindet.

Durch beide Tricks der Falschgelderzeugung wird die Geldmenge ständig aufgeblasen. Dem Geld, das ursprünglich als Tauschmittel konzipiert war, so daß es bei Einlösung wieder in Sachwerte oder Leistungen zurückverwandelt werden konnte, steht infolgedessen kein realer Wert mehr gegenüber. Die Dreistigkeit des Schwindels ist mit Kettenbrief- oder Pyramiden-Systemen sowie mit dem berühmten „Ponzi-Schema" vergleichbar. Der einzige Unterschied ist hier, daß der Staat selbst bzw. die Notenbank der Betrüger ist — und je größer ein Betrug angelegt ist, desto besser klappt er bekanntlich. Es verhält sich eben nicht so, daß Zentralbanken zum Wohle der gesamten Gesellschaft weise und gerecht an den Stellschrauben des Geldsystem drehen; vielmehr sind es ja gerade sie, die durch ständige, aber unbemerkte Vermehrung der Geldmenge zu einer gleichzeitigen Entwertung des Geldes, also des Vermögens aller Bürger, beitragen.

Bei einem Nicht-Mitwachsen der Geldmenge würde sich einfach der Wert des Geldes automatisch erhöhen. Die sogenannte „Elastizität" des Fiatgeldes führt hingegen zum Phänomen der Geldentwertung. So hat der Wert des Dollar seit 1913 (Federal Reserve Act) etwa 95-97% an Wert verloren, und der Wertverlust des Euro beträgt seit seiner Einführung im Jahre 2002 ca. 50%.

Zentralbankgeld ist das genaue Gegenteil von Marktgeld. Marktgeld wäre per se wertgesichert. Der hinter dem Zentralbankgeld stehende Ansatz ist: 1. versteckte Umverteilung, 2. versuchte Wirtschaftssteuerung „von oben", durch eine oligarchische Herrschaftselite. Dies ist übrigens nicht Kapitalismus, wie oft behauptet wird, sondern Faschismus bzw. Sozialismus. Auf dieses Thema, das den Zusammenhang zwischen Geldsystem und Staatswesen betrifft, wird hier später noch genauer einzugehen sein.

Der eigentliche Hintersinn bei der Methode der multiplen Geldschöpfung durch die Banken ist nicht etwa nur das Ausgeben ungedeckten Geldes an Kunden, sondern worum es hier letztlich geht, das ist *der durch den Schuldzins vereinnahmte Gewinn.* Die Banken erhalten nämlich Zinsen, also Geld, für eine Leistung, die gar nicht vorhanden ist! Sie verdienen am bloßen Vorhandensein der Schulden als solche. Und selbst wenn der Zins sich nur auf ein paar Prozent beläuft — ein weiterer heimtückischer Trick besteht darin, daß auf Dauer noch zusätzlich der Zinseszins-Effekt zum Tragen kommt. Dieser läßt den Schuldzins — und damit den Bankengewinn aus den vergebenen Darlehen — exponentiell ansteigen. (Trick 3)

Dieser Punkt ist sehr wichtig und muß verstanden werden, wenn von Geld und Geldverleih die Rede ist: Kredit als solcher ist nicht das Problem, denn er ist für ein funktionierendes Wirtschaftsleben, in dem Unternehmen mit Ressourcen ausgestattet werden müssen, um sich entfalten zu können, *notwendig und sinnvoll.* Und auch der Zins ist — selbst wenn die Anhänger der Gesell'schen Lehre das Gegenteil behaupten — noch bei weitem keine Gefahr. Denn damit ein Kreditgeber bereit ist, Kredit zu geben, muß ihm dafür auch eine angemessene Vergütung zuteil werden; andernfalls hätte er ja gar kein Motiv zur Verleihung seines Geldes. (Der Vermieter einer Wohnung würde diese, bekäme er keine Mietzahlung, sicher auch nicht mehr vermieten wollen.) Die Höhe dieser Vergütung regelt sich durch den freien Markt selbst. Jedoch: der erste Haken liegt bei der Zentralbank, die, während ihre Rolle nicht ins Bewußtsein der Öffentlichkeit tritt, zum machtvollen Kopf der Geldkrake wird, und der zweite Haken liegt in der Möglichkeit der Erzeugung ungedeckten Geldes.

Die zur Rechtfertigung des geltenden Systems gerne vorgebrachte Annahme, daß alle Bankenkredite nur unter der Voraussetzung vergeben würden, daß alle Schulden auch möglichst schnell wieder beglichen werden könnten (bzw. daß alles ungedeckte Fiatgeld immer alsbald auch wieder wertgedeckt werden würde), ist absurd und widerspricht jeglicher Realität. Das genaue Gegenteil ist der Fall: Für die Bank ist es der „worst case", wenn Schulden sofort beglichen werden oder wenn der potentielle Schuldner sich sogar ohne Darlehen selber eine Existenz aufbauen kann. Das wäre ja so, wie wenn der Drogenabhängige „clean" würde und dem Dealer nichts mehr abkaufen würde. Denn schließlich verdient die Bank ja gerade an der Schuld und am Schuldzins. Selbst wenn die Schulden nicht beglichen werden können, beschränkt sich ihr „Verlust" immer noch auf das bloße „aus dem Nichts geschöpfte Geld". Der optimale Fall für die Bank ist ein lebenslang verschuldeter Darlehens- oder Hypothekennehmer, den sie noch und noch abkassieren und aussaugen kann.

Für den Eingeweihten entpuppt sich diese Art Geldsystem als wahres *Perpetuum mobile*, bei dem sich ohne großes äußeres Zutun still, leise und unaufhaltsam die Vermögensgewichte zu Ungunsten des Kreditnehmers und zugunsten des Finanziers verlagern. Es ist deshalb völlig gerechtfertigt, diesen Umverteilungsmechanismus als *Geldkrake* oder auch als *Krebsgeschwür* zu bezeichnen. „Krebs" deshalb, weil der immer schneller steigende Gewinn aus ungedecktem Kreditgeld bei weitem keiner tatsächlichen Leistung (oder gar einer immer schneller ansteigenden Wert- oder Arbeitsleistung seitens der Banken und ihrer Verantwortlichen) entspricht, sondern sich als eigenständige mathematische Gesetzmäßigkeit automatisch verselbständigt und ebenso automatisch zur Umverteilung von Vermögen und damit auch von Macht führt.

ZINSESZINS-EFFEKT BEI DEN SCHULDEN

*Der Zinseszins ist die größte mathematische Entdeckung aller Zeiten.*

Albert Einstein

Daß der Zinseszins-Effekt bei Krediten zu einem unverhältnismäßigen Aufblähen der Verschuldung führt, wurde bereits erwähnt. Schon zu Beginn wurde die graphische Darstellung der Exponentialfunktion gezeigt, die den sich ständig beschleunigenden Anstieg der Verschuldung veranschaulichte. Daß und wie die Kurve ansteigt, ist leicht zu sehen; dennoch sind sich die allerwenigsten über die wahren Auswirkungen auch nur annähernd im klaren. Um hierfür ein besseres Gefühl zu schaffen, nehmen wir einmal ein einfaches Zahlenbeispiel: 1.000 Euro Kredit mit 10% Zinsen.

Nach einem Jahr ist die Verschuldung auf 1.100 Euro gewachsen. Nach 5 Jahren auf 1.610 Euro. Da bewegen wir uns noch im moderaten Bereich, aber jetzt wird es allmählich spannender: Nach 10 Jahren beträgt die zurückzuzahlende Schuld 2.593 Euro. Das heißt, die Zinsen sind nun aufgrund des Zinseszinses schon mehr als eineinhalbmal so hoch wie die Schuld selbst. Nach 15 Jahren sind wir bei 4.177 Euro, also über viermal soviel. Nach 20 Jahren bei 6.727 Euro. All das schafft der Zins allein. Aber die wahre Sprengkraft der Exponentialfunktion haben wir noch nicht mal in Ansätzen kennengelernt, denn wir befinden uns immer noch im gemäßigten Bereich! 30 Jahre: 17.449 Euro. 40 Jahre: 45,259 Euro. 50 Jahre: 117.390 Euro. Aha, so ist das also! Von 1.000 Euro durch bloßes Zuwarten auf das 117-fache.

75 Jahre: 1.271.895 Euro. 100 Jahre: 13.780.612 Euro. 200 Jahre: 189.905.276.460 Euro. Sie verstehen nun, warum der Entdecker der Relativitätstheorie diesem mathematischen Konstrukt seine Referenz erwies? Denn 10% Zinsen — was soll daran so besonders sein? Jeder hat es vor Augen, jeder meint es zu verstehen. Aber genau darin besteht ja der Clou: daß man es eben *nicht* sieht, und daß man gerade *dadurch* auf den Effekt hereinfällt!

Wo wir schon so schön dabei sind, machen wir doch einfach noch ein bißchen weiter: Nach 1.000 Jahren sind aus den 1.000 Euro durch bloßes Zuwarten des Kreditgebers, der gar nichts weiter zu leisten brauchte, ganze 246.993.291.800.582.945.170.248.067.456.430.558.429.577.216 Euro Schulden geworden.

Man kann hier natürlich abzuwiegeln versuchen: Derart lange Zeiträume seien unrealistisch, und der Zinssatz betrage in der Praxis auch nicht immer 10%. Aber stellen wir uns das Beispiel statt auf Privatkunden auf ganze Staaten bezogen vor. Denn auch die Staaten sind bekanntlich verschuldet; auch Gemeinwesen (Städte und Gemeinden) sind verschuldet — alle öffentlichen Institutionen werden durch Schuldgeld am Laufen gehalten. Auch hier wiederum greift der Zinseszins-Effekt und nimmt im Laufe der Jahrzehnte immer dramatischere Steigerungsraten an. Wie wir soeben mitverfolgen konnten, ähnelt die Kurve des Zuwachses bereits nach ca. 60-70 Jahren einer senkrecht steigenden Gerade. Das bedeutet: die Schuldenfalle schlägt unerbittlich zu. Es kommt dazu, daß die meisten Staaten nicht nur ihre Schulden nicht mehr bezahlen können (Schuldentilgung, siehe oben zum Thema Staatsanleihen, war ohnehin noch nie wirklich vorgesehen gewesen), sondern sie können noch nicht einmal die Zinsen für die Schulden finanzieren, sprich: sie erhalten keine Kredite mehr, nicht mal für die Schuldzinsen.

Dies ist der Punkt, wo ganze Länder einschließlich ihrer Bevölkerungen zu Sklaven des Geldsystems geworden sind, quasi zu Leibeigenen und Geiseln. Der Umverteilungsmechanismus preßt sie aus wie eine Zitrone, bis gar nichts mehr da ist.

Obige Zahlenbeispiele sollen aber vor allem eines bewirken: ein wacheres Bewußtsein für den angewandten Trickmechanismus zu schaffen. Nicht jeder hat den mentalen Horizont eines Einstein und erfaßt, womit wir es hier zu tun haben. Ganz im Gegenteil: das menschliche Gehirn ist mit bestimmten Zusammenhängen überfordert. Ich behaupte: Praktisch kein Kreditnehmer ist sich über die Wirkung des Zinseszinses im klaren, selbst wenn er davon noch so sehr überzeugt ist! Irgendwie bleiben einem ja die 10 % im Verstand haften, mit denen aus den 1.000 Euro eben nach einem Jahr nur 1.100 Euro geworden sind — und das kann man doch locker zahlen. Nehmen wir nun außerdem hinzu, daß es sich bei den Kreditnehmern — in Gestalt von Politikern — um wechselndes Personal handelt, das jeweils nur in einem begrenzten zeitlichen Rahmen denkt und dafür Sorge zu tragen hat, daß innerhalb dieser Verantwortlichkeit nichts Unvorhergesehenes passiert, so beginnen wir zu ahnen, wie am Ende immer der Verschuldungsautomatismus am längeren Hebel sitzt als jede, natürlicherweise begrenzte, menschliche Vernunft.

## DIE TRICK-SCHACHTELUNG

Der soeben diskutierte Trick ist *nur einer von mehreren.* Selbst wenn man nur mit ihm allein zu tun hat, ist er schwer zu durchschauen. Noch viel raffinierter wird es aber durch *Schachtelung* mehrerer aufeinander aufbauender Tricks. Sind mehrere Bestandteile des Zusammenspiels unbekannt bzw. bleibt deren inneres Zusammenwirken verhüllt, *so wird jeder außenstehende Betrachter durch die Komplexität des ganzen Konstrukts völlig überfordert* und nimmt das Vorgegaukelte automatisch für (hier auch noch im wahrsten Wortsinn) bare Münze. Nur wer das versteht, versteht die „Genialität" des auf Jekyll Island ausgeheckten Coups.

Zuletzt, als wir auf die Staatsverschuldung zu sprechen kamen, hatten wir es z.B. mit einer Kombination von Trick 1 und Trick 3 zu tun. Staatsschulden sind in den ersten Jahrzehnten kein größeres Problem. Man verschuldet sich einfach immer weiter — so wie das bekanntlich alle Politiker bevorzugen, um sich vor ihren Wählern als spendabel präsentieren zu können. Nun beginnen sich aber nach etwa 50-70 Jahren die Folgen der Schuldverzinsung und damit des Zinseszinses immer dringlicher zu zeigen. Schließlich schafft man es gerade noch, sich so weit neu zu verschulden, daß man wenigstens diese Zinsen begleichen kann — von einer Schuldenrückzahlung kann schon längst keine Rede mehr sein! Nach und nach geraten also ganze Staaten in sklavische Abhängigkeit vom Geldsystem bzw. von den Banken. Genau dies ist die Phase, in der wir uns jetzt, ca. 65 Jahre nach dem letzten „System-Neustart" befinden.

Stellen wir uns David Copperfield vor, der sein Publikum staunen läßt. Natürlich gibt es eine Wahrheit dahinter, aber die bleibt Geschäftsgeheimnis. Natürlich gibt es auch eine klar aufzuschlüsselnde Wahrheit hinter dem Fiatgeld-System. Aber die einfache Antwort auf unsere Fragestellung erhalten wir, wenn wir nach dem Motiv des Täters fragen: Er will vertuschen. Das ist sein Können, sein Trick, sein Erfolg und sein Profit. Das System ist so ersonnen, daß es das Massenpublikum täuscht. Und gegen die Trickbetrüger des FED ist selbst der beste und berühmteste Magier nur ein armseliger Waisenknabe und Stümper. Könnte der mit den Billionen und Aberbillionen der gesamten Menschheit jonglieren?

Der Bürger erhält wertlose Papierscheine ohne Deckung, die nur solange als Zahlungsmittel fungieren, wie der Schwindel weiter aufrechterhalten werden kann, weil die Menschen ihn nicht durchschauen und ihn deshalb noch tolerieren. Jedoch hat sich in der Geschichte immer wieder erwiesen, daß derartige Systeme früher oder später mit Gewißheit kollabieren. Das Geld kehrt dann zu seinem ursprünglichen Wert zurück, nämlich zu dem des Papiers, auf das es gedruckt ist.

Die Scheinblüte einer angeblich florierenden Wirtschaft — man denke z.B. an die sogenannten Goldenen Zwanziger oder betrachte den Wohlstand der westlichen Zivilisationen bis vor einigen Jahren — basiert auf einer Schuldenblase, die irgendwann kollabiert und auf unangenehmste Weise die wahre Grundlage einer solchen Epoche enthüllt.

## REINES GELDDRUCKEN („QUANTITATIVE EASING")

Die schönfärberische Umschreibung „quantitative easing" (mengenmäßige Erleichterung) hoben FED-Chef Ben Shalom Bernanke und seine Kollegen aus der Taufe, als sie von der verdeckten Schaffung von legalem Falschgeld zu unverhülltem Gelddrucken übergingen. Aufgrund der Schwierigkeiten, immer neue gläubige Kundschaft für immer neue ungedeckte US-Staatsanleihen zu finden, mit deren Hilfe die Staatsverschuldung weiter aufgebläht und beliebige Mengen neuen Geldes geschaffen werden konnten, ging man zur letzten Konsequenz des Geldbetrugs über: Man verzichtete auf das scheinseriöse Brimborium, das sonst immer so gerne vom Bankensektor veranstaltet wird und mit dem man sich so gerne als Gruppe von humanen, nur ums Wohl der Allgemeinheit besorgten Wohltätern präsentiert. Wohlklingende Phrasen wie „Geldmengensteuerung", „Nachfrageanreize schaffen", „Preisstabilität garantieren", „Auswege aus der Liquiditätsfalle finden", „die Wirtschaft fördern", „Konjunkturprogramme auflegen" etc. werden ja bekanntlich von allen Medienvertretern nur zu gerne nachgebetet und klingen immer irgendwie sinnvoll und nutzbringend. „Gelddrucken" klingt weniger gut, und wenn es sich dann um viele Milliarden, schließlich gar um ganze Billionen ungedeckter Dollars handelt, kann den skeptischen Mitbürger schon so allmählich der Zweifel plagen, ob es hier noch mit rechten Dingen zugeht.

Da vermutet er auch ganz richtig. Die wirklichen Folgen zeigen sich aber erst mit längerer Verzögerung — womöglich ein, zwei oder vielleicht auch erst vier oder fünf Jahre später. Aber sie müssen und werden sich zeigen, denn so ungestraft läßt sich nun mal nicht betrügen, schon gar nicht in diesem gigantischen Ausmaß! Zuerst einmal wird für die Wirtschaft Zeit erkauft. Das Geld fließt zumeist in den Aktienmarkt und sorgt dort für steigende Kurse — woraufhin die Medien der nichtsahnenden Öffentlichkeit wieder mal das gerne gehörte Lied vom „Aufschwung" vorträllern. In Wahrheit potenziert sich das, was falsch ist, hier noch um ein Vielfaches. Aus der Schuldenfalle versucht man sich mit noch mehr Schulden zu befreien. Am Ende ist der Gesamtschaden nur umso größer. Politiker denken aber bekanntlich nur kurzfristig und sorgen sich nicht um die späteren Konsequenzen. Je mehr Geld (= Schulden) einer in die Hand nimmt und dem Volk als neue Wohltat spendiert, desto besser sein Image. Kaum war Barack H. Obama zum neuen US-Präsidenten gewählt, hielt er eine Rede, in der er mit 787 Milliarden neuen Schulden finanzierte Wohltaten versprach — und kaum einer merkte, was das bedeutete.

Aber Deutschland und Europa sind in dieser Hinsicht kaum besser dran. Denn im Zuge des Griechenland-Bailouts wurde auch hierzulande ebenfalls mit der Monetarisierung der Schulden, sprich: mit ungehemmtem Gelddrucken, begonnen.

Davon abgesehen beträgt der Anteil des Dollars an der gesamten Geldmenge der Erde laut Michael Maloney ca. 71-72%, und der Euro kommt bloß auf ca. 8% — entsprechend groß sind die Auswirkungen der US-Finanzpolitik.

## Klassische Betrugssysteme: Kettenbriefsystem, Pilotenspiel, Schneeballsystem, Pyramidensystem, Ponzi-Schema, System Madoff

Wie das Kettenbriefsystem funktioniert, sollte schon fast jeder selbst einmal miterlebt haben. Dessen Logik basiert darauf, daß, um den Vorgang am Laufen zu halten, immer neue Teilnehmer angeworben werden müssen. Anfang der 1980er Jahre grassierte in Deutschland das sogenannte *Pilotenspiel*, auf das seinerzeit einige Personen aus meinem Bekanntenkreis hereinfielen, darunter sogar ziemlich hochgebildete Leute. Es wurde dann später verboten. Einige Beteiligten verdienten zu Beginn recht gut daran, und es kam regelrecht in Mode, im Bekanntenkreis herumzufragen und zu versuchen, weitere Mitspieler zu gewinnen. Man könne auf diese Weise schnell und leicht zu viel Geld kommen, wurde argumentiert. Jeder könne sich ja am Beispiel der erfolgreichen Spielinitiatoren selbst überzeugen, wie profitabel die Sache ablaufe.

Die Logik des „Pilotenspiels" entspricht dem *Kettenbriefsystem*, nur daß hier, statt bloß Briefe zu schreiben, Geld an die im System vorrangigen Spielpartner zu zahlen ist. Der Urheber des Spiels kassiert nun immer mehr, die ersten Teilnehmer werden ebenfalls sukzessive reicher, während die an der Peripherie hinzustoßenden Teilnehmer zuerst einzahlen und dann durch Anwerben neuer Teilnehmer selbst zu verdienen beginnen. Andere für solche Konstrukte verwendeten Bezeichnungen sind *Schneeballsystem* oder *Pyramidensystem*; diese Begriffe veranschaulichen bereits den Kerngedanken.

Bezogen aufs Finanzwesen gilt das von Charles Ponzi installierte Konzept als besonders typisch und exemplarisch. Ponzi versprach auf die an ihn gezahlten Einlagen Renditen, die beträchtlich höher waren als im sonstigen

Finanzwesen üblich. Hierdurch erhielt er enorme Summen, mit denen er sein System am Laufen halten und es dann immer schneller expandieren konnte. Wurde jemand skeptisch und wollte den vertragsgemäßen Gewinn sofort ausgezahlt bekommen, so erhielt er dieses Geld von Ponzi auch tatsächlich — was sehr zur Bildung von Vertrauen beitrug.

Da immer mehr Kunden auf dieses System aufmerksam wurden, verbreitete sich das finanzielle Volumen der Firma rapide. Zu seinen Glanzzeiten nahm Ponzi täglich eine Million Dollar ein und stand sogar vor der Aufgabe, zusätzlichen Speicherraum für die vielen Geldscheine finden zu müssen. Erst durch eine Verkettung verschiedener Umstände flog der Schwindel schließlich auf. Alle Einzahler waren natürlich um ihr komplettes Guthaben betrogen und erhielten keinen Cent zurück.

Im Gegensatz zum Kettenbriefsystem (z.B. Pilotenspiel) spart sich dieses System sogar die Mühe eines Anwerbens neuer Teilnehmer. Diese melden sich aufgrund der erhofften Gewinne (man könnte auch sagen: durch Gier) ganz von selbst und bitten um Mitgliedschaft.

In neuerer Zeit erregte der Fall des Finanzexperten und ehemaligen NAS-DAQ-Verwaltungsratschefs Bernard L. Madoff großes Aufsehen. Madoff erleichterte die von ihm „beratenen" Klienten, darunter etliche schwerreiche Prominente, um rund 65 Milliarden Dollar. Weltweit direkt oder indirekt betroffen waren rund drei Millionen Personen. Auch bei dem hier etablierten Finanzierungskonstrukt wurde mit dem eingezahlten Geld ein Pyramidensystem aus immer neuen Schulden geschaffen, das sich wie ein Krebsgeschwür ausbreitete. Derartige Modelle haben miteinander gemeinsam, daß sie früher oder später kollabieren müssen, denn die immer stärker wachsenden Schulden werden irgendwann fällig und können nicht mehr gedeckt werden.

*Der New Yorker Finanzier Bernard Madoff hat gestanden, ein gewaltiges Schneeballsystem betrieben zu haben. 65 Milliarden Dollar verbuchte er in seinen Bilanzen. Doch statt darauf die versprochenen Renditen zu erwirtschaften, zahlte er alten Investoren aus, was er bei neuen eintrieb, bis kaum noch etwas übrig blieb.*

Süddeutsche Zeitung vom 29.6.2009

Der Leser sollte inzwischen gemerkt haben, daß es sich im wesentlichen bei all diesen Konzepten im Kern um immer den gleichen Betrugsmechanismus handelt: In der Mitte sitzt wie eine Spinne die Person oder kleine Gruppe von Personen, die die von außen einfließenden Werte abschöpfen, während nach außen hin immer mehr Beteiligte zur Zahlung herangezogen werden. Da das Gesamtsystem aber aufgrund der nicht vorhandenen Wertdeckung (die sich immer mehr verstärkt) wie ein „Schwarzes Loch" (im Universum: Antimaterie, die Materie verschluckt, vgl. Astrophysik) verhält, kommt es zu einem Vernichtungsstrudel, der die am System Beteiligten erfaßt und aufsaugt.

> *Ich verstehe überhaupt nicht, warum man jetzt Herrn Madoff anklagt. Unsere Bundesregierung macht doch genau dasselbe. Sie verkauft Bundesanleihen, die sie nie wieder bedienen kann, und zahlt die Zinsen mit dem Verkauf neuer Bundesanleihen. Das gleiche Madoff-Schneeballsystem, nur im weit größeren Stil.*
>
> Leserbrief an das Magazin Focus vom 17.1.2009

Mit unserem herrschenden Geldsystem wird es sich genauso verhalten wie bei allen anderen Schneeballsystemen: Sobald es nicht mehr durch neue Kredite (Schulden) zu stützen ist, beginnt es zu kollabieren. Dann ist auf einen Schlag solch ein Euro-Geldschein, auf dem irgendein nomineller Zahlenwert steht, nur noch das Papier wert — man kann ihn nicht mehr eintauschen. Sobald dies allgemein bekannt wird, bricht natürlich die schlimmste aller Paniken auf, Panzer fahren vor den Banken auf, in den Lebensmittelläden finden brutale Plünderungen statt und das gesamte öffentliche Leben erleidet einen Totalzusammenbruch.

Geld ist nun einmal einer der bestimmenden Grundpfeiler unseres Wirtschafts- und Gesellschaftssystems, also der gesamten modernen Zivilisation. Da praktisch alle Wert-Transaktionen via Geld ablaufen (man denke nur an den Einkauf von lebensnotwendiger Nahrung), würde ein Zusammenbruch des Geldes durch Totalentwertung zugleich auch zur Unterbrechung aller vitalen gesellschaftlichen Lebensströme führen — vergleichbar dem völligen Stoppen von Blutkreislauf und Nervenfunktionen im menschlichen Organismus. Genau so, wie die Täuschungskonstrukte von Ponzi und Madoff im abrupten Kollaps und im kettenreaktionsartigen Bankrott aller passiv Beteiligten endeten, wird auch das herrschende Geldsystem als Täuschungskonstrukt von globalen Ausmaßen in seinem Endstadium zu einem kompletten Kollaps und einer umfassenden Katastrophe führen.

Es gibt hier nichts zu „reformieren" — das versteht, wer die beschriebene Natur einer Kettenreaktion bei Pyramidensystemen einmal verstanden hat. Die Wahrheit bricht erst zum Schluß hervor, und es ist praktisch die Wahrheit, die die endgültige Katastrophe erst bewirkt. Deshalb wird ja zur Zeit auch seitens aller verantwortlichen Politiker und Finanziers (sofern sie in das „Geheimwissen" des Geldsystems eingeweiht sind) so entschlossen versucht, jegliches Aufkeimen von Aufklärung bereits im Vorfeld zu verhindern.

*D*as System bricht zusammen, wenn sich eine größere Zahl der Anleger der Natur des Systems bewußt wird und versucht, ihr Geld zurückzuerhalten.

Wikipedia zu „Schneeballsystem"

## WARUM DIE ÖFFENTLICHKEIT KÜNSTLICH VERDUMMT WERDEN MUSS

In diesem Zusammenhang ist wichtig zu verstehen, daß der normale Bürger heutzutage über die wirklichen Hintergründe und Mechanismen dieses Zusammenhangs komplett im unklaren gelassen wird. Ein entscheidendes Wesensmerkmal von Krediten, nämlich der exponentiell wachsende Zinseszins, wird nicht erwähnt, insbesondere nicht, wenn Banken Geldgeschäfte mit ihren unwissenden Kunden einfädeln oder wenn Politikern ihren Wählern das Märchen von der Notwendigkeit neuer Schulden zur „Ankurbelung der Wirtschaft" erzählen.

So gleicht das Wissen über die Falschgelderzeugung einem Geheimwissen, das nur wenigen Eingeweihten (z.B. Bankiers und Investoren) bekannt ist. Erst die aktuelle, seit 2007 eskalierende Systemkrise bringt die Problematik des fiat money und des exponentiellen Schuldenwachstums allmählich ans Licht. Gleichzeitig droht die Verquickung zwischen heutiger moderner Zivilisation und Kreditmechanismus uns alle in einen Wirbel der Zerstörung mit ungeahnten Ausmaßen zu reißen.

Auch jetzt noch versuchen Medien und Politiker, den wahren Sachverhalt im Interesse ihrer wahren Auftraggeber weiterhin zu vertuschen. Fehlendes Geld, Schulden, dringend notwendige Ausgaben — all das wird durch hemmungs- und skrupelloses Aufnehmen immer neuer Schulden finanziert. Bis es nicht mehr geht und der Offenbarungseid dieses Lügensystems gekommen sein wird.

Sind unsere Politiker nur zu dumm, um den wirtschaftlichen Hintergrund zu verstehen? Können sie nicht rechnen? Warum machen sie immer neue, unhaltbare Versprechungen, wo doch schon das, was sie vorher gesagt haben, durch die neuere Entwicklung eindeutig widerlegt wurde?

Die Antwort hierauf ist ganz einfach und naheliegend: Alle diese Figuren sind selbst Teil des Lügensystems; sie würden sich durch das Eingestehen der Wahrheit selbst abschaffen und die Lächerlichkeit ihres Auftretens offenkundig werden lassen. Deshalb sind sie die letzten, die aus dem Wahnsinn aussteigen können. Und das Gesagte gilt für jeden, ob menschlich ansprechend, nett, sympathisch oder nicht: für Obama, Putin, Merkel, Köhler, Lafontaine, Linke wie Rechte, Grüne wie Liberale, für die chinesischen oder japanischen Politiker genauso wie all die anderen.

## TATSACHE 1:
## DIE LÜGE VON DER STAATLICHKEIT DES FED

Das FED *(Federal Reserve System)*, ein privates Kartell aus Banken und Multimillionären (die Familien Rothschild, Rockefeller, Vanderbilt, J.P. Morgan, Kuhn und Loeb, Warburg), steuert das Weltfinanzsystem. Es ist nicht föderal, also in staatlicher Hand, sondern es verleiht dem amerikanischen Staat wertloses Papiergeld, der den Dollar zu etwa 20-30 Cent pro Dollar bekommt und dafür mit den Steuergeldern bezahlt.

Obwohl es laut der amerikanischen Verfassung nur gegen Gold oder Silber legales Geld geben dürfte, haben sich diese Bankiers das „Recht" erworben, Papiergeld zu drucken, wofür anfangs noch die amerikanische Nationalbank haftete. Aber 1971 kündigte Präsident Nixon die Einlösungspflicht des Dollars gegen Gold, und zugleich die Haftung des Staates für den Dollar, auf. Seitdem sind die Dollarnoten kein real gedecktes Zahlungsmittel mehr.

## Tatsache 2:
## Die Lüge von der Volksbeteiligung
## (Pseudo-Demokratie)

In keinem der sogenannten „demokratischen" Länder (USA wie Deutschland usw.) hat man das Volk je zu den Modalitäten des Finanzsystems gefragt oder es darüber entscheiden lassen. Sondern die Umstellung von gedeckter Währung zu ungedeckter Falschgeld-Währung ist jedesmal von einer kleinen Clique reicher Finanziers entschieden worden. Oder im Falle von expliziten Diktaturen (etwa dem Nationalsozialismus) in den 1930er Jahren von den jeweiligen Machthabern.

Politiker wie die heutzutage in der Öffentlichkeit präsentierten „Kanzler", „Präsidenten" oder „Minister" sind in einem derartigen Geldsystem nur willfährige Marionetten innerhalb der vom Finanzsystem vorgegebenen Regeln und Mechanismen. Würden sie sich dagegen auflehnen, wären sie schnell beseitigt. Und das ist genau der Grund, weshalb sie nicht die Wahrheit sagen und das Lügenspiel mitmachen.


## Tatsache 3:
## Instabilität und Inflation sind vorgeplant

Bei der Geldentwertung durch Inflation handelt es sich um einen bereits von vornherein im System vorgesehenen und fest eingebauten Trick zur Umschichtung von Vermögen.

Das vorgebliche (!) Ziel, die Währung stabil zu halten, ist vom FED grandios verfehlt worden. Seit seiner Einführung hat der Dollar sage und schreibe 97% seines Wertes verloren. Und der Euro hat seit Beginn seines Bestehens, also in nur ca. 7 Jahren, sogar schon ca. 50% verloren. Die Inflation ist aufgrund der ständigen Geldmengenausweitung, etwa zum Zweck der Kriegsfinanzierung, mit in dieser Art Währungssystem „eingebaut" und führt zu einem ständigen Abkassieren der Bürger in Form „unsichtbarer" Steuern. Hinzu kommt die Wirkung des Zinseszins-Effekts.

Dem Bürger wird dann weisgemacht, die Preise würden zwangsläufig „steigen" — stattdessen verliert einfach sein Geld immer mehr an Wert.

## TATSACHE 4: UNTILGBARE SCHULDEN

Die in Ländern wie USA, Großbritannien oder Deutschland vom Staat aufgenommenen Schulden in Billionenhöhe können niemals zurückgezahlt werden — ganz im Gegenteil: zur Rettung der Finanzen müssen immer weitere Schuldkontrakte eingegangen und immer neue Gläubiger gefunden werden, etwa in Form von Staatsanleihen.

Diese unheilvolle Spirale wird aufgrund der inneren Logik des Zinseszinses früher oder später zu einem Kollaps führen (je später, desto schlimmer, weil der Versuch, den Betrug zu retten, zum völligen Ausreizen auch noch der letzten Möglichkeit führt). Dazu gehört: Zurückführung des (fiktiven, nur in Computern dargestellten Buch-) und Papiergeldes auf seinen realen Wert, nämlich Null, und damit einhergehend: Hyperinflation, Staatsbankrott, Währungsreform, womöglich auch Krieg.


## TATSACHE 5:
## DIE FÄLSCHUNG DER OFFIZIELLEN STATISTIKEN

Die offiziellen Statistiken der wichtigsten ökonomischen Kenndaten werden seit geraumer Zeit geschönt, also gefälscht. Das gilt insbesondere für die Inflationsrate, die Arbeitslosenzahlen und das BIP (Bruttosozialprodukt). (Korrigierte Statistiken siehe: *http://www.radio-reschke.de/system-krise_hintergrund.php#Statistiken*)

Außerdem wurden im Frühjahr 2009 die Bilanzregeln für US-amerikanische Banken geändert (siehe: Bilanz frisieren leicht gemacht *http://www.handelsblatt.com/unternehmen/banken-versicherungen/bilanz-frisieren-leicht-gemacht;2228473*).

Die EU zieht entsprechend nach (siehe: Banken wird Schönrechnerei erlaubt  *http://de.reuters.com/article/economicsNews/idDEBEE53301R2009040 04*; EU will Bank-Bilanzregeln bei Schrottpapieren den USA anpassen *http://de.reuters.com/article/economicsNews/idDEBEE53301R20090404*).

## Tatsache 6:
## „Implizite Verschuldung" wird totgeschwiegen

In der offiziellen Schuldenzahl der deutschen Regierung sind die für die Zukunft eingegangenen Sozialverpflichtungen (z.B. Rentenzahlungen), „implizite Verschuldung" genannt, noch gar nicht enthalten. Diese betrug mit ca. 8 Billionen EUR im Jahr 2004 bereits das Fünffache der offiziellen Staatsverschuldung. *(http://cdu-extertal.de/docs/altersteilzeitbds.pdf)*


## Tatsache 7: Das angeblich vorhandene Vermögen ist eine leere Blase

Bei den Banken liegen nur ca. 4% des Geldes als Papiergeld vor. Wollen die Leute ihr Geld, das sie angeblich besitzen, zurückhaben, so wären die Banken gar nicht zahlungsfähig. Deshalb scheuen Institutionen des legalen (ungedeckten) Falschgeldsystems nichts so sehr wie diese Situation (auch Bankrun genannt).

Noch einmal mit anderen Worten auf den Nenner gebracht: Die angeblich vorhandenen Vermögen sind gar nicht wirklich vorhanden. Dies ist eine unmittelbare Folge des ungedeckten Geldes.

Orwellscher Neusprech, der typische menschliche Schwäche und Leichtgläubigkeit ausnutzt, ist im Finanzwesen gang und gäbe: Man beachte die beschönigende Fachsprache: „Kredit" oder „Darlehen" statt des viel aussagekräftigeren Begriffs „Schuld". So meint der Durchschnittsbürger in seiner Naivität, durch ein „Darlehen" würde er zu Geld kommen — dabei ist er nur der Bank ins Netz gegangen und hat sich verschuldet. Die Gesamthöhe seines Schuldenkontrakts inklusive Zins und Zinseszins (oft mehr als das Doppelte des Kaufpreises) wird ihm, damit er sich auf die Verschuldung einläßt, in der Regel gar nicht mitgeteilt.

Für das zu Beginn 2009 von der britischen und der US-Notenbank begonnene Gelddrucken in extremen Dimensionen erschuf man den schön und elitär klingenden Begriff „quantitative easing" (quantitative Erleichterung). Damit wird die nackte Tatsache der Inflationierung der Währung durch Vergrößerung der Geldmenge vernebelt.

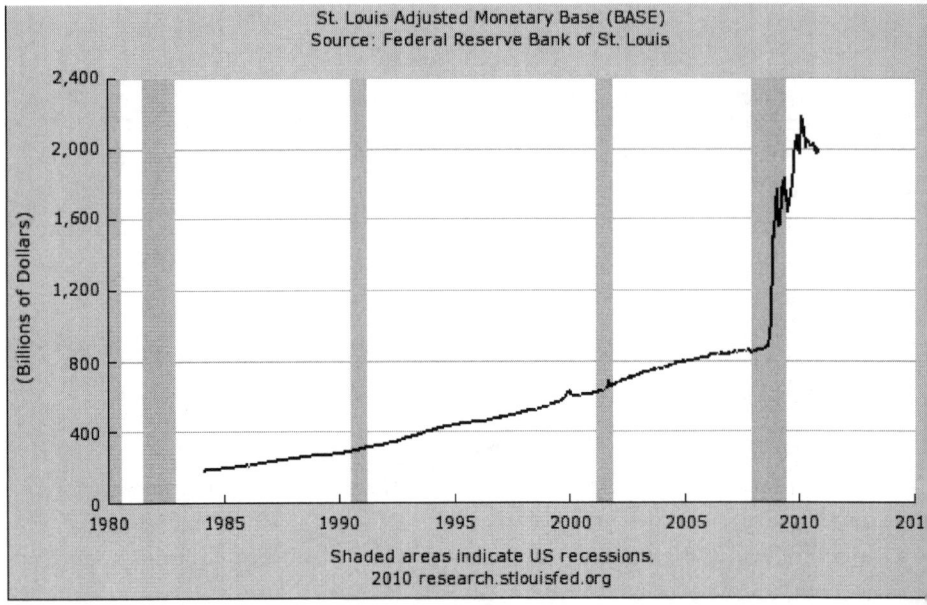

*Geldmenge (bereinigte Zentralbankgeldmenge), FED St. Louis*

Die hier gezeigte offizielle Graphik der Geldmengenentwicklung (FED St. Louis) mag auch als kleine Denkaufgabe für all diejenigen gelten, die immer noch behaupten wollen, unser Geld wäre gedeckt bzw. alles Kreditgeld wäre durch dahinterstehende Sachwerte gedeckt. Nun mögen uns diese Gläubigen gerne die große Explosion von Werten erklären, die obiger Geldmengenexplosion angeblich gegenüberstehen soll.

Nein, genau das ist ja gar nicht möglich; es war „Helikopter Ben" (Bernanke), der die astronomischen Summen im September 2008 ins System spritzte, ganz seiner lange bekannten Deutung der Weltwirtschaftskrise 1929 gemäß. Deren Entwicklung schrieb er nämlich der Geldknappheit zu und bekannte sich dann öffentlich dazu, jede weitere derartige Krise durch Gelddrucken bekämpfen zu wollen: *„Zur Not werden wir das Geld mit Helikoptern abwerfen."* Dieser Schwall billigen bis kostenlosen Fiatgeldes soll die Wirtschaft stimulieren (Aktienkurse steigen entsprechend, da ja mehr Geld zum Kaufen bereitsteht), und der Effekt soll angeblich mit einer etwa halbjährigen Verzögerung zu spüren sein. So stiegen zwar auch ab Frühjahr 2009 die Aktienkurse wieder, aber die Wirtschaft erholte sich dennoch nicht.

Ende 2010 sah man sich in der wachsenden Not gezwungen, nochmal genau dieselbe Methode anzuwenden (da man außer Gelddrucken ja nichts kann). Auch dies wird nichts fruchten. Und das bereits eingepumpte Geld wird man genauso wenig „zurückholen" können, wie man Zahnpasta wieder in eine Tube zurückbringen kann. Inflation ist die zwangsläufige Folge.

Wir haben es hier, bei dieser Art von ökonomischem Denken, mit einem perfekten Beispiel für eine von oben gelenkte, zentralistische Staatswirtschaft zu tun, also mit astreinem Sozialismus. Funktionäre und Bürokraten versuchen den Markt zu beeinflussen und bilden sich ein, auf Dauer damit Erfolg haben zu können. Das ist das Gegenteil von freier Marktwirtschaft. Absurderweise will man den einfachen Bürger dann auch noch glauben machen, es sei „der Kapitalismus", der zu den verursachten Ungleichgewichten beitragen hätte, und man bräuchte „mehr Kontrolle". Die „Kontrolle" hat weder in den kommunistischen Regimes des Osten funktioniert, noch wird sie im Falschgeldsystem des Westens etwas Gutes bewirken. In einem freien Markt, an dem freie Bürger unverfälscht und ohne die Intrigen verborgener Fädenzieher *gleichberechtigt* teilnehmen könnten, käme es zu einem natürlichen Ausgleich der Kräfte, und das Einspritzen von Milliarden und Billionen ungedeckten Geldes wäre nicht nur völlig absurd, sondern auch überflüssig. Es zerstört Werte und Wertempfinden; es ist ungerecht und unnatürlich, und in seiner tiefsten Wurzel ist es sogar kriminell und menschenverachtend.

TATSACHE 8:
HYPERINFLATION IST DIE ENDGÜLTIGE UMVERTEILUNG

Hyperinflation als letzte Konsequenz der Wertrückführung von Papiergeld auf seinen ursprünglichen Wert ist dann die endgültige Umverteilung, bei der nur noch diejenigen als Wohlhabende und Nutznießer übrigbleiben, die das Geldsystem konzipiert haben und kontrollieren, denn sie haben angesichts der zu erwartenden Veränderungen längst durch Umschichtung ihres Vermögens vorgesorgt. Hingegen sieht sich der einfache Bürger mit dem existentiellen Nichts konfrontiert.

# SYSTEMKRISE UND GEHEIMWISSEN

*Die Schlauheit des Fuchses besteht zu 50% aus der Dummheit der Gänse.*

Sprichwort

## DAS GEHEIMWISSEN DER BANKIERS

Die aktuelle Situation ist jetzt die, daß nicht nur 99% unserer Mitbürger, sondern wahrscheinlich sogar über 99,99% keine Ahnung haben, worin die eigentlichen Ursachen der angeblichen „Finanzkrise" bestehen. Das Wissen um die Natur unseres Geldes ist immer noch Geheimwissen.

Und so ist es auch in den letzten Jahrhunderten schon gewesen. Bei den Freimaurern wurde das Wissen um die Natur des Geldes als besonderes Einweihungswissen behandelt, und nur denjenigen, die sich bereits in den höheren Stufen der esoterischen Hierarchie befanden, wurde es zuteil. Und wie überall in der echten Esoterik braucht nichts von diesem Wissen verschwiegen zu werden: Jeder hat es direkt vor Augen. Aber nur die, die den Zusammenhang verstehen, können es als das erkennen, was es ist.

Am 28. 6. 1863 teilten die Gebrüder Rothschild von London aus einem ihrer US-Geschäftspartner mit:

*Die wenigen, die das System verstehen, werden so sehr an seinen Profiten interessiert oder so abhängig sein von der Gunst des Systems, daß aus deren Reihen nie eine Opposition hervorgehen wird. Die große Masse der Leute aber, mental unfähig zu begreifen, wird seine Last ohne Murren tragen, vielleicht sogar ohne zu mutmaßen, daß das System ihren Interessen feindlich ist.*

Das Konzept, um das es hier geht, ähnelt einem Zaubertrick, der denjenigen reich und erfolgreich macht, der ihn beherrscht. Durch den darin enthaltenen Mechanismus des möglichen Eigenprofits schützt sich das Geheimnis selbst. So verhält es sich auch bei Kettenbrief- und Schneeballsystemen wie etwa dem Ponzi-Schema: die Urheber solcher Systeme initiieren einen

Sog, der ihnen nach und nach immer mehr Reichtümer derjenigen zuführt, die in das System hineingezogen werden. Gier und Illusionsbereitschaft, also die ganz normalen, überall verbreiteten menschlichen Schwächen, bewirken die rasante Ausbreitung dieses Vorgangs. Insbesondere während einer Epoche, in der eine Lebensorientierung hin zu materiellen Werten und äußerlichem Besitz vorwiegt — also genau wie in der heutigen Zeit.

> *Würde man den Geldschöpfungstrick, der hier benutzt wird, in anderen Wirtschaftsbereichen anwenden, so würde man den Betreffenden unweigerlich ins Gefängnis werfen.*
>
> Ausspruch aus dem Film *Money Masters*

## DIE LOSE-LOSE-SITUATION

Der eigentliche Clou des 1910 konzipierten *Federal Reserve Systems* (bzw. dieser Kombination mehrerer Tricks) besteht darin, *schon vorher zu wissen, was später passieren wird.* Wer das System in die Welt setzt, ist von vornherein der Gewinner! Die, die unwissentlich darauf hereinfallen, sind von vornherein die Verlierer!

Wenn man das erst einmal verstanden und durchschaut hat, erkennt man auch, warum alle jetzt in der Öffentlichkeit ablaufenden Diskussionen über Wirtschafts- und Finanzkrise, Staatsschulden, Neuverschuldungen und Firmeninsolvenzen nur gegenstandslose Sandkastenspiele sind. Hier wird immer nur ohnmächtig reagiert, weil an den Grundgesetzmäßigkeiten des Fiat-Geldes, so wie es jetzt Basis allen Rechnens, Planens und dementsprechend auch aller politischen und sozialen Entscheidungen ist, gar nicht gezweifelt und schon von vornherein nichts geändert wird. Andauernd wird lamentiert, man sei in eine „unvorhersehbare", kritische Lage geraten und müsse sehen, wie man den Karren wieder aus dem Dreck ziehen könne. Aber was man auch tut, es gewinnen immer diejenigen, die sich das ganze Spiel ausgedacht und die es geschickt eingefädelt haben. Sie haben für sich eine *Win-Win-Situation* geschaffen (also eine Situation, bei der sie immer nur gewinnen können), und genau dadurch haben sie alle anderen, die auf das Spiel hereingefallen sind, in eine Lose-Lose-Situation gebracht (so daß diese anderen immer nur verlieren können). Das ist der einfache Hintergrund und die einzige Wahrheit, die man erkennen und beachten muß!

Endgültig entfesselt wurde der sorgfältig verborgen gehaltene Umverteilungsmechanismus mit der Aufhebung der Wertdeckung des US-Dollars im Jahre 1971. Denn damit entfiel die letzte Beschränkung, und zwar eine zumindest teilweise noch bestehende (zumeist aber auch nur theoretische) Umtauschpflicht des Papiergeldes in reale Werte (hier: Gold).

## Es wird keine friedliche Reform des Geldsystems geben

Wollte man aus der Lose-Lose-Situation wieder herauskommen, so müßte man das gesamte Spiel beenden. Man müßte an die Ausgangssituation, an die Wurzeln des Spiels bzw. des Zaubertricks zurückkehren und dort ein für allemal Abhilfe schaffen, damit so etwas nicht wieder passiert. Wenn man das will, zeigt sich sofort, was not täte: die drei versteckten Tricks bzw. Trick-Aspekte müßten revidiert werden.

Kann man das überhaupt? Ist das in unserer jetzigen Lage überhaupt möglich? Nun kommen wir an den hauptsächlichen Knackpunkt der ganzen Thematik. Die Tricks ermöglichen, fiktive Werte zu erschaffen: fiktiven Wohlstand, fiktive Sicherheit, aber auch fiktive Möglichkeiten der Staaten und der Gemeinwesen, da mit den Schulden großartige Institutionen und Verkehrssysteme scheinbar zuverlässig und zukunftsträchtig finanziert werden können; auch Kriegsrüstung kann auf Pump erworben und damit eine militärische Überlegenheit etabliert werden.

Alle derartigen Fiktionen zu verabschieden und endgültig loszuwerden ähnelt nicht zufällig dem Drogenentzug: Man hat sich jahrelang, sogar lebenslang fundamentalen Täuschungen hingegeben, hat sich auf ein Glück fixiert, das in seinem Kern Lüge und Selbstbetrug gewesen ist, und muß nun den schwierigen Schritt zurück in die tatsächliche Wirklichkeit bewerkstelligen, muß die dabei entstehenden Ernüchterungen konfrontieren und in gewissem Sinne wieder ganz von vorne anfangen. Genau so ist es mit unserem Geldsystem: Nicht nur einzelne Staaten, sondern der ganze Planet lebt noch „auf Droge" und muß davon wieder herunterkommen.

Wir sehen in diesen Tagen, daß die Wahrscheinlichkeit einer freiwilligen Rückkehr zur Vernunft so gut wie ausgeschlossen ist. Selbst wenn einzelne zur Besinnung kämen, würden die anderen weitermachen wie gehabt und sich mit ihrem fiktiven Reichtum weiterhin über die Ehrlichen zu stellen versuchen. Es wird daher zum erzwungenen Kollaps kommen müssen, so schrecklich das in seinen Konsequenzen auch immer sein wird. Denn eines ist klar: die Tricks funktionieren nicht dauerhaft, genauso wenig wie der Drogensüchtige mit seinem Genußgift dauerhaft glücklich werden kann. Die Illusion läßt sich nicht bis ins Unendliche aufblasen und zu einem Quell ehrlicher, zuverlässiger Tatsachen machen. Das Leben läßt sich nicht endlos betrügen.

Noch einmal: Das Spiel muß von Anfang an, mitsamt seinen Wurzeln, seinem Trickkonzept, verstanden und verabschiedet werden. Andernfalls entstehen immer von neuem Kraken wie die Zentralbanken und privaten Banken, die die Lebenskraft der Menschen aussaugen und zur Bereicherung privilegierter Drahtzieher oder zum ungehemmten Wachstum faschistischer und/oder sozialistischer Staatsbürokratien führen. Aber im selben Moment, wo dieses Spiel gestoppt wird, fallen auch diejenigen Staaten und ihre Regierungen, die mit dem Schwindel verstrickt und verwoben sind. Und das sind in unserer heutigen Zeit: alle.

Auch der Staat kann Natur, Mathematik oder Physik nicht austricksen, indem er einfach aus bloßer, leerer Luft Werte erschafft. Der Verlauf der Geschichte des Geldes über mehrere tausend Jahre hinweg beweist, daß es gerade die gewissenlosen, machtgierigen Herrscher waren, die Staatsgeld zur Bereicherung auf Kosten ihrer Bürger benutzt haben. Daß es auch heute so ist, wird im Moment noch nicht offen ausgesprochen und ist nur den allerwenigsten erkennbar. Aber es verhält sich genauso wie in früheren Zeiten unseriöser Regimes. Die Diskussionen über Kapitalismus oder Kommunismus, Links oder Rechts, viel oder wenig Verstaatlichung — sie offenbaren allesamt dieses Unverständnis. Ganz gleich, welche Richtung hier eingeschlagen wird: die Politiker und ihre Haushaltsexperten bewegen sich immer noch auf dem dünnen Eis ihres Papiergelds und ihrer scheinbaren Macht. Ob dieses Geld und diese Macht dann eher zugunsten der „Reichen" oder der „Ärmeren" erschaffen und benutzt wird, macht keinen prinzipiellen Unterschied: es ist und bleibt immer nur dieselbe Droge.

DIE INTRIGANTEN UND DIE UNWISSENDE MASSE

Der demokratische Grundansatz, nach dem die Mehrheit der Bevölkerung zu entscheiden habe, kollidiert hier mit dem Komplexitätsproblem: Wie kann die Mehrheit entscheiden, wenn die allermeisten gar nicht verstehen, worum es geht? Die Sache, mit der wir es hier zu tun haben, erfordert schlichtweg einen gewissen Scharfsinn, den nun mal leider nicht jeder Mensch hat.

Um diese Behauptung praktisch zu verfizieren, braucht man nur die Reaktionen der meisten Leute zu beobachten, wenn sie mit den Hintergründen der sogenannten „Finanzkrise" konfrontiert werden. Die Hauptschwelle besteht hierbei schon ganz zu Beginn darin, daß sie den Schwindel des ungedeckten Geldes jeden Tag vor Augen haben und lebenslang daran gewöhnt sind — davon loszukommen würde eine Ablösung vom gewohnten Denken bedeuten und gleichzeitig eine Abkoppelung von der Gehirnwäsche der Medien, der Erziehungsinstanzen und ganz generell vom Dafürhalten der großen Majorität, und von da an bekommen sie dann Zweifel und scheuen zurück.

Genau diese Reaktion ist nun aber die Erfolgsgrundlage des ganzen raffinierten Falschgeldschwindels: Die Leute haben ihn zwar ständig vor Augen und erleben tagein tagaus seine Konsequenzen (Verteuerung, Belastungen durch Zins und Zinseszins, nun auch noch Wirtschaftskrise und haltlose Politikerversprechungen), aber sie verstehen ihn nicht — und nur was von der Masse verstanden wird, kann in der Demokratie zur Änderung bzw. zu einer Besserung führen.

So bleibt dieselbe Sache ganz geheim (selbst viele „Experten" und „Wissenschaftler" durchschauen sie nicht — oder wollen sie aufgrund eigener Involvierung auch nicht durchschauen), und doch ist sie auf der anderen Seite völlig offensichtlich. Versteht die Masse den Schwindel aber nicht, so wird sie zu seinem Opfer und muß die Folgen am eigenen Leib ausbaden, ganz ähnlich dem Hereinfallen auf Kriegspropaganda und dem Erleiden der darauffolgenden Konsequenzen für Leben und Gesundheit.

Was kann man in solch einer Lage denn noch tun? Den Propheten zu spielen zahlt sich nicht aus; im Gegenteil: Man schadet sich damit bloß selbst. Die Kunst besteht darin, den richtigen Zugang zu dieser neuen Situation zu finden, und zwar allein für sich selbst. Das Hauptaugenmerk kann nicht mehr sein, anderen zu „helfen", sondern das Leben hat eine andere Lehre in Vorbereitung. Man steht zum ersten Mal da, wo man eigentlich schon immer stand, es aber aus Verkennung der wirklichen Relationen nicht merkte: Man steht bei sich selbst und für sich selbst. Theorie und schöne

Ideen entpuppen sich als wertlos. Auch die „Freunde" und Gesinnungsgenossen, all diese Bezugspersonen, mit denen man sich in Einklang zu bringen versuchte und an denen man sich mehr oder weniger orientierte (und ohne deren Zustimmung man sich schwach und hilflos fühlte, auch wenn man sich das niemals eingestehen wollte), geraten in den Hintergrund — wenn sie sich nicht sogar als Gegner und Hindernisse erweisen. Es geht hier nicht mehr um intellektuelle „Erkenntnisse", nicht mehr um „Zustimmung", sondern was zählt, ist allein die eigene Praxis, die ganz konkrete Anwendung des eigenen Verständnisses, also: das ganz direkte Tun und Umsetzen. Intellektualität rächt sich nun, denn sie hindert am Notwendigen. Das merkt man aber erst jetzt, und es ist eine gute und äußerst lehrreiche Erfahrung. Man lernt still zu sein; man wird bescheidener, kleiner, nüchterner.

Es ist tatsächlich unwichtig, wie viele Menschen etwas verstehen oder nicht verstehen. Sondern es zählt allein das, was man selbst versteht. Und bei *dieser Art* Verstehen geht es nicht um einen Denkvorgang!

# STAATSGELD UND MARKTGELD

*Wenn wir nicht das Recht der Geldausgabe und das Geldmonopol des Staates und der Behörden abschaffen und völlige Freiheit in der Wahl des Geldes ermöglichen, werden wir nie wieder eine anständige Währung und auch nie wieder ein anständig funktionierendes Wirtschaftssystem haben.*

Friedrich August von Hayek, Nobelpreisträger

Staatsgeld? Marktgeld? Was ist denn das nun wieder? — In diesem Kapitel geht es um ein Thema, das in der Öffentlichkeit — aus für bestimmte Interessenkreise gutem Grund — dermaßen ausgeblendet worden ist, daß man mit jedem neuen Gedankengang ein geradezu sensationelles Neuland betritt. Über *Staatsgeld* zu sprechen ähnelt dem Sprechen über „des Kaisers neue Kleider", und *Marktgeld* kennt praktisch überhaupt keiner mehr, weil auch diesbezüglich seit vielen Jahren eine gewaltige Vertuschung abläuft. Man gerät dann schnell unter den Vorwurf, „Verschwörungstheorien" zu verbreiten. Dabei ist die Sachlage genau umgekehrt: Die Logik hinter dem Staatsgeld und die Verdrängung jeglicher Möglichkeit, Marktgeld zu etablieren, erfüllt geradezu klassisch alle gängigen Definitionen dessen, was eine echte Verschwörung ist.

Staatsgeld ist ein Mittel der Obrigkeiten aller Staaten, ihre Bevölkerungen durch versteckte Umverteilung auszunutzen und ihnen unbemerkt Werte und Leistungen abzusaugen. Freies Marktgeld sind dagegen alle Tauschmittel, die sich allein aufgrund von unmanipulierten Marktgesetzen auf natürliche Weise etablieren. Sie können auch frei gegeneinander konkurrieren, wodurch sich das bessere und verläßlichere Tauschmittel, ebenfalls ganz natürlich, durchsetzen und behaupten wird. Genau deshalb gibt es so etwas aber in den heutigen obrigkeitsstaatlichen Systemen nicht mehr, und es bestehen gravierende unausgesprochene Interessen, daß es auch in Zukunft so bleibt.

Das Hauptproblem von Staatsgeld ist nun aber, daß es früher oder später wertlos werden muß. Man kann hier ruhig von einer Gesetzmäßigkeit sprechen. Da es sich um ungedecktes (oder früher auch: teilgedecktes) Geld handelt, besteht die natürliche Verlockung für Politiker und Geldadlige (Bankiers, Finanziers, Großindustrielle und Großinvestoren), immer neues derartiges Geld in Umlauf zu bringen — was umso leichter fällt, als es ja viel einfacher und billiger ist, Notenscheine zu drucken (oder digital durch bloßen Knopfdruck zu erzeugen), als für eine entsprechende Wertdeckung dieser Scheine durch Leistungen und Güter zu sorgen.

Der unaufhaltsame Kollaps des Staatsgeldes kommt, wie immer mehr Menschen merken und spüren, inzwischen näher und wird in den nächsten Jahren eintreten. Hieraus ergeben sich im wesentlichen zwei grundsätzliche Möglichkeiten:

— Rückkehr zum Marktgeld (in welcher konkreten Form auch immer), oder

— Errichtung einer faschistischen Diktatur und zwangsweise Einführung einer neuen ungedeckten Währung, voraussichtlich als Mikrochip, über den zugleich auch eine systematische Erfassung und Kontrolle der Bürger eingeführt wird.

Je konsequenter die Möglichkeit freien Marktgeldes aus dem Bewußtsein der Menschen ausgeblendet wird, desto stärker erhöht sich die Wahrscheinlichkeit, daß nach dem Kollaps des Staatsgeld-Systems in die zweite Variante umgeschwenkt wird. Unsere Kultur steht also diesbezüglich an einem echten Scheideweg. Umso wichtiger ist es, freies Marktgeld als reale Möglichkeit zu präsentieren und damit rechtzeitig Aufklärung gegen drohendes Unheil zu betreiben.

Es soll aber auch betont werden: *Marktgeld ist kein Konzept,* und es soll hier nicht darum gehen, irgendeine entlegene Utopie zu propagieren, nach der die Menschen dann irgendwann zu leben hätten. Genau solches Denken ist ja im Grunde die Ursache aller Geldsystem-Miseren, ob es sich nun um Notenbank- oder Schwundgeld-Konzepte handelt. Das Geld steht dann in keiner direkten Verbindung zum Wert, sondern seine Bedeutung basiert nur auf einer obrigkeitlich aufgezwungenen Doktrin. Und sobald so etwas vorkommt, sind Ungerechtigkeiten und Disbalancen die logische Konsequenz. Das Kollabieren solcher Konzepte eröffnet wiederum, wenigstens phasenweise, die Chance, daß eine natürliche, dem Leben gemäße Form von Geld, sozusagen „von den Wurzeln her", in Kraft treten kann. Und dies kann dann eine sich wieder selbst regelnde Form des Wert-Austauschs sein, frei von eingebauten Mechanismen zur Manipulation, Ausbeutung und heimlichen Steuerung der großen Mehrheit eines Volkes.

Das einfache, jedermann verständliche Geldsystem gibt es ja schon längst, und es ist nicht nur deshalb so simpel, weil es auch viel ehrlicher ist — sondern beides hat, wie schon erklärt wurde, direkt miteinander zu tun und verweist wiederum auf den Punkt Rechtschaffenheit, Glaubwürdigkeit, Offenheit und Unmanipulierbarkeit. Mit anderen Worten: *Echte Werte statt Wertvorspiegelung.* Wertgedecktes Geld ist nicht kompliziert, eben weil kein verdecktes Schneeballsystem darauf aufzubauen ist. Man kriegt für seinen Papierschein immer direkt einen einlösbaren Wert zurück — da kann weder ein Bankier noch ein Politiker irgend etwas herumtricksen und drehen.

## STAATSGELD IST SPIELBANKGELD

*Was hinter der Spielbank steckt*

Eine Analogie, um den Unterschied zwischen ungedecktem Geld und gedecktem Geld zu beschreiben:

Stellen Sie sich vor, Sie sind in Las Vegas und möchten in einem der dortigen Casinos mit Geld spielen. Zuerst werden Sie Geld, also von Ihnen mitgebrachte echte Werte, in Chips umwechseln. Im Casino gelten nur die Chips. Mit denen machen Sie dann Ihre Spiele, bei denen Sie gewinnen oder verlieren. Wichtig bei diesem Beispiel ist: Die Spielbank kann sich beliebig viele Chips herstellen lassen, zu minimalen Kosten. Der Inhaber der Spielbank bestimmt über das Spiel.

Schauen Sie sich nun unsere Währungen an: Euro, Dollar usw. Auch diese funktionieren wie die Chips der Spielbank. Man macht mit ihnen Gewinn oder Verlust. Genau wie bei der Spielbank legt der Inhaber bzw. der Veranstalter des Spiels, das ist hier die Notenbank, fest, wieviel Geld es gibt, und bringt Scheine und Münzgeld in Umlauf. Auch in diesem Fall sind Sie vom Inhaber abhängig, weil Sie ja mit seinem Geld handeln. Wird mehr Geld in Umlauf gebracht bzw. stehen höhere Zahlen auf den Scheinen, so sinkt der Wert des Geldes, denn der tatsächlich vorhandene Wert, dem es gegenübersteht, ist ja noch derselbe. Das nennt man Inflation.

Die entscheidende Frage ist hier nun: Wem gehört die Spielbank? Und wer hat Einfluß auf die dort getroffenen Entscheidungen? Der einfache Bürger glaubt, den von ihm eingebrachten Werten (also in obigem Beispiel seinem Geld, mit dem er an der Pforte des Casinos Chips kauft) stünde immer ein gleichwertiger Gegenwert in Form des Papiergelds gegenüber. Genau das ist aber der Irrtum. In unserem realen Fall, nämlich beim Euro oder Dollar, ist es gar nicht mehr möglich, einen Rücktausch durchzuführen, weil das allermeiste Papiergeld ungedeckt ist, d.h. es existiert nur noch als bedruckte Zettel ohne realen Gegenwert. Es gibt schlichtweg nichts mehr zurückzutauschen!

Die Gelddeckung gab es früher mal: da konnte wenigstens ein kleiner Bruchteil der Papierscheine in echte Werte (das war seinerzeit Gold) zurückgetauscht werden. Aber seit September 1971 ist sie aufgehoben. Das Geld funktioniert seitdem nur noch als Tauschgeld innerhalb des „Casinos", und zwar so lange, wie sich alle Bürger daran halten, und vor allem so lange, wie sie noch irrtümlich glauben, das Geld könnte wirklich noch in echte Werte umgetauscht werden.

Fast jeder meint, das Casino wäre die „ganze Welt" — das heißt: Es wird vergessen, daß es sich nur um eine künstliche Vereinbarung handelt, und man hält, allein schon aus Gewöhnung (man kennt inzwischen ja nichts anderes), das Papiergeld für wirkliches Geld. Außerdem denken die allermeisten Bürger, die Spielbank würde von ihrer demokratisch gewählten Regierung, also dem eigenen stellvertretenden Souverän, gelenkt. Auch das stimmt nicht, sondern es spielen dort zahlreiche privaten Interessen mit hinein: Interessen der Wirtschaft bzw. Macht-, Einfluß- und Geldinteressen bestimmter privilegierter Kreise. Die Spielbank wird absolut gesetzt, der Bürger meint, es wäre immer so gewesen und müsse auch immer so sein, und deshalb kann er sich außerhalb dieses Spiels nichts anderes mehr vorstellen.

Jetzt stellen Sie sich vor, es würde herauskommen, daß nur noch 3 oder 4% der Spielbank-Chips an der Kasse zurück in Bargeld umgetauscht werden könnten, weil das Casino gar nicht über mehr tatsächliches Geld verfügt. Was würde passieren? Die ersten, die am schnellsten zurückrennen würden, bekämen noch etwas, und alle anderen wären die Dummen. Genau das ist aber unsere jetzige Situation in der realen Welt.

Um nochmal bei unserer Analogie zu bleiben: Es ist, als würden alle zusammen Monopoly spielten und dabei denken, das wäre die Wirklichkeit: insbesondere gälte das Monopoly-Geld immer und überall, und es könnte seinen Wert nicht mehr verlieren. Eine Eigenschaft des Monopoly ist bekanntlich, daß immer einer gewinnt und alle anderen verlieren. Von einem gerechten Ausgleich ist da nicht die Rede, einfach weil die Spielkonzeption eine völlig andere ist. Weiter stellt sich die Frage: Wer stellt das Monopoly-Spielgeld (bzw. unser Papiergeld) her? Das liegt in der Hand derer, die sich das ganze Spiel ausgedacht haben und kontrollieren. Und das ist nicht das Volk, das sind nicht die Bürger! Die Bürger sind bloß so naiv und uninformiert, das Geld für gedeckt und das Spiel für fair zu halten!

Schauen wir uns nun unter diesem Aspekt noch einmal die sogenannte „Finanzkrise" an. Bei dieser Krise zeigt sich ein entscheidendes Charakteristikum des Geldsystems: exponentiell wachsende Schulden. Denn je mehr Schein- bzw. Papiergeld (Spielgeld) geschaffen wird, desto mehr Schulden werden geschaffen, und je mehr Schulden (Kredit) es gibt, desto mehr vergrößert sich der Bedarf nach weiterem Kredit. Schon nach kurzer Zeit können gar nicht mehr so viele reale Werte geschaffen und geleistet werden, wie ein solches Schuldenwachstum erfordert. Aber nach einigen Jahrzehnten beginnt dieser Mechanismus sogar noch mehr auszuufern: die Schulden steigen ins Unermeßliche, wie bei einem Schneeballsystem, das sich verselbständigt hat. Entsprechend gibt es keine realen Werte mehr, die diese Schulden (bzw., was dasselbe ist, diese Geldbeträge) jemals mehr decken oder auslösen könnten — und zwar selbst für die kommenden Jahre und Jahrzehnte nicht, und auch nicht durch Mitwirkung der kommenden Generationen.

Also kollabiert das System irgendwann: durch Inflation, weil nämlich immer mehr „Spielgeld" in das System gepumpt werden muß, um es überhaupt noch am Laufen zu halten. Entsprechend verliert dieses Geld irgendwann vollständig seinen Wert: der ganze Schwindel bricht zusammen, und übrig bleibt nur noch das, was an Echtem vorhanden ist.

*Aus dem Spielcasino zurück in die wirkliche Welt*

Der eine Ausweg aus dem beschriebenen Problem ist der Kollaps des Spielgeldsystems. Es stellt sich dann heraus, daß die „Chips" ungedeckt sind; sie sind nur Plastik bzw., im Falle von Euro und Dollar, nur Papier. Was dann zählt, sind allein die echten Werte, also Nahrungsmittel, lebensnotwendige Dienstleistungen, Häuser, Edelmetalle usw. Hierbei ist zu berücksichtigen, daß auf einmal ganz andere Tauschverhältnisse herrschen als vorher beim Papiergeld. Ein Haus läßt sich nicht in kleinen Stückchen in alltägliche Nahrung umtauschen; Nahrungsmittel müssen frisch sein; der Wert der Dienstleistungen richtet sich nach dem jeweiligen Bedarf, usw. usf. Durch den Kollaps kommt es zu erheblichem Streß, weil die ganze Lebensweise der Menschen völlig abhängig von den Mechanismen des alten Systems geworden war. Bricht dieses schlagartig zusammen, so werden enorme Verwerfungen ausgelöst; es kommt zu Chaos und Gewalt.

Der andere Ausweg aus dem System des ungedeckten Geldes ist jetzt schon möglich, und zwar ruhig und gleitend, freiwillig, selbstbestimmt: Man fängt damit an, aus unechten in echte Werte umzusteigen. Man muß weg von den Krediten, weg vom Computergeld (das nur auf Datenträgern in Form von gespeicherten Zahlen besteht), weg vom Papiergeld. Also weg vom Casino. Man holt sich an der Pforte noch das an Werten zurück, was sie einem dort zurückgeben. Das wird aber für die, die zu spät ankommen, nicht viel oder am Ende sogar überhaupt nichts mehr sein, eben weil es bei weitem nicht mehr genug für alle gibt, sondern real nur viel, viel weniger! Es gilt also, sich das früh genug klarzumachen und für sich selbst rechtzeitig vorzusorgen.

*Das trügerische Vertrauen in den Staat*

Was Geld und Tauschmittel betrifft, so ist es nötig, in anderen Kategorien zu denken: sich innerlich von der Spielbank und den sie kontrollierenden Kräften und Interessengruppen zu lösen — sich also auch von der Gehirnwäsche der Systemmedien zu lösen. Dies ist ein besonders kritischer Punkt, weil die allermeisten Menschen nur gewohnt sind, in den Kategorien der Pseudopolitik zu denken. D.h. sie assoziieren automatisch das Geldwesen mit dem Staat (Staatsgeld), und sie meinen, der Staat, der ja vermeintlich am mächtigsten sei und alles, wenn er nur wolle, regeln könne, könne bei Bedarf auch das Finanzwesen in Ordnung bringen, so daß es zu keinem extremen Elend oder gar zu Hunger und Gewalt käme. Aber dieser ganze Denkansatz beruht auf einem grundlegenden Irrtum: Auch die Regierungen, auch die Parteien sind nur Klienten des Spiels; auch sie sind von dem oben beschriebenen Papiergeldmechanismus und der daraus resultierenden Schuldenspirale abhängig. Man kann also — zur Zeit jedenfalls — nicht hingehen und das Geldsystem im Rahmen zyklischer Wahlveranstaltungen „abwählen".

Und dennoch gibt es eine Möglichkeit: Man muß selber umdenken und dann seine eigenen persönlichen Konsequenzen ziehen. Zuerst einmal muß man verstehen, daß das Falschgeldsystem, also das Prinzip des Papier- und Fiat-Geldes, planwirtschaftlich und obrigkeitsstaatlich ist. (Gleiches gilt übrigens auch für das Schwundgeld nach Silvio Gesell, der ein erklärter Befürworter von Staatsgeld war.) Geld muß aber nicht vom Staat kommen und braucht auch nicht allein vom Staat sanktioniert zu sein. Der Staat bzw. die Regierung will natürlich die Kontrolle, weil er/sie auf diesem Weg an die Werte und Leistungen der Bürger herankommen kann. Trotzdem kann er die einzelnen Bürger nicht daran hindern, unter Verzicht auf das staatliche Papiergeld eigene, unabhängige Transaktionen zu unternehmen. Hier kommen wir zur Schwachstelle des ganzen, zur Zeit die Öffentlichkeit beherrschenden Lügengebäudes.

Schauen wir uns aber zuerst die verschiedenen Erscheinungs- bzw. Organisationsformen von Geld genauer an:

## WÄHRUNGSMODELLE: FALSCHGELD, GOLDSTANDARD UND ECHTGELD

### Teilgedecktes Geld (Goldstandard)

Teilgedecktes Geld (Goldstandard) sieht die gesetzliche Kopplung der Geldmenge an eine bestimmte Umtauschrelation vor: ein festgelegter Teil des Geldes ist demnach in reale Werte eintauschbar. So war beispielsweise von den USA zwischen 1944 und 1971 eine Umtauschverpflichtung von 1 Goldunze pro 35 Dollar eingehalten worden. Eine derartige Garantie setzt voraus, daß ein Staat sich an eine mehr oder weniger willkürliche und von da an zur Regel erhobene Richtlinie zu halten habe.

Es ist jedoch eine eindeutige geschichtliche Erfahrung, daß Regierungen zu allen Zeiten den Geldwert sukzessive verschlechterten, um auf diesem versteckten Weg die eigenen Bürger abzukassieren. Solches Abkassieren war ein geläufiger Trick, der nicht soviel Aufsehen erregte, wie es bei offener Besteuerung der Fall war. Sobald es also eine wie auch immer definierte Umtauschrelation gab, die nicht 1:1 war (also volle Wertdeckung beinhaltete), tendierten die Regierungen dazu, diese Relation zu ihrem Gunsten zu manipulieren — oder, wie 1971 seitens der US-Regierung geschehen, die

Goldbindung bei Bedarf doch wieder komplett aufzuheben und so zu reinem Fiat-Geld zurückzukehren. Dies ist auch der Weg gewesen, den Regierungen regelmäßig bei Kriegsbeginn einschlugen, weil sie ihre Rüstung durch Aufnahme neuer Schulden leichter finanzieren konnten.

*Schwundgeld als Sonderform ungedeckter Währungen*

Die Anhänger der sogenannten *Freiwirtschaft* nach S. Gesell möchten, um die Kreditvergabe und damit die erneute Einführung von Zinsen zu verhindern, eine sog. Umlaufsicherung beifügen, die zu einer automatischen Selbstentwertung des Geldes bei Nichtbenutzung führt. Damit würde zwar das Schuld-Unwesen, an dem das gegenwärtige Euro-/Dollar-System krankt, bekämpft, aber das Geld wäre trotzdem nicht gedeckt — also wäre es nur eine andere, neuere Form von Falschgeld.

Freiwirtschaftsbefürworter sehen im Zins als solchem den Hauptgrund für die Krisen und Gefahren des gegenwärtigen Geldsystems: Es wird zu einem regelrechten Kampf gegen den Zins aufgerufen. Sparen wird als Mißbrauch betrachtet und soll schon im Vorfeld mit dem Begriff „Horten" verbal diskreditiert werden. Eine dem Bürger auf zentralistischem Weg aufgezwungene Umlaufgebühr soll diesen dazu nötigen, sein Geld nicht zu sparen und keine langfristigen Anlagen zu tätigen. Außerdem würde man Kredite erschweren. Nun können aber sowohl Anlagen wie Kredite in bestimmten Fällen erwünscht und sinnvoll sein — man sollte den Bürger in diesen Fragen daher nicht bevormunden und ihm nicht vorschreiben, inwieweit er auf diese Einsatzmöglichkeiten seines Geldes zurückgreift oder nicht. Diese Denkweise ist, als Regelung „von oben", der sich alle Menschen unterwerfen müßten, durch und durch etatistisch, womit sie dem Namen „Freiwirtschaft" bereits im Kern des Konzepts zuwiderläuft.

Die Überbetonung des Zinses lenkt vom eigentlichen Kern des Problems ab: Die Nicht-Deckung speziell des Kreditgeldes verursacht, kombiniert mit der Verzinsung bzw. dem Zinseszins für nicht vorhandene Scheinwerte, die eigentliche Geldfalle, durch die die Bevölkerung in ein ewiges Hamsterrad, genannt „Wachstum", gezwungen wird. Zins auf vorhandene Werte (bzw. auf vollgedecktes Geld) kann jedoch in der Wirtschaft sinnvoll sein, wie jeder Unternehmer bezeugen wird. Ein Zinsverbot wäre daher wirtschaftsschädigend.

Die von den Freiwirtschaftsbefürwortern angeführten „Geldwunder" (z.B. das Modell Wörgl) bezeugen bloß die stimulierende Wirkung eines in Umlauf gebrachten Falschgeldes — also eines Effekts, der durchaus mit dem Falschgeld-Boom der Hitlerzeit und den Wirtschaftsbooms der 80er und 90er Jahre vergleichbar ist. Alle derartigen Wertfiktionen fliegen nach absehbarer Zeit auf, weil dem Geld (als Schuldschein) früher oder später ein echter Wert gegenübergestellt werden muß (der hier aber am Startpunkt, bei der Papiergeldausgabe, nicht vorhanden ist; also: ungedecktes Geld). Es handelt sich daher auch wieder nur um einen Wohlstand auf Pump, dem früher oder später unweigerlich der Offenbarungseid folgen muß, in Form der Überprüfung des Geldwerts an der Realität.

Davon abgesehen ist die zentralistische Einführung eines neuen Geldexperiments, das erst einmal nur als abstraktes, von wenigen Intellektuellen propagiertes Konzept existiert, nach dem Kollaps einer ungedeckten Papierwährung absolut unwahrscheinlich. Ganz im Gegenteil wird sich der gesunde Menschenverstand und -instinkt auf echte, real existierende Werte zurückbesinnen, und das sind nun einmal die seit Jahrtausenden bestens bewährten Edelmetalle.

### Das Staatsgeld-Konzept als Ausdruck planwirtschaftlichen Denkens

In der modernen Gesellschaft hat der, der über das Geldsystem bestimmt, auch die eigentliche Lenkungsmacht. Das ist zur Zeit aufgrund der Abhängigkeit aller Staaten vom US-Dollar als Leitwährung die Interessengruppe, die hinter dem Federal Reserve System steht, also ein Bankenkartell, das sich vor etwa 100 Jahren die Zustimmung der US-amerikanischen Volksvertretung erschlichen hat und seitdem die Geschicke des Dollars und damit des amerikanischen Finanzwesens steuert.

Das Staatsgeld-Konzept wird heutzutage gerne als synonym mit dem Begriff *Kapitalismus* angesehen. Dies ist aber ein schwerwiegender Irrtum. Das Staatsgeld-Konzept ist das genaue Gegenteil von Marktwirtschaft: Es handelt sich vielmehr um eine besonders weitgehende Ausprägung von planwirtschaftlicher Gesinnung. Nicht nur wird das Geld von oben geplant und in seinem Gebrauch festgelegt, sondern auch die Geld-Erzeugung und die Regulierung der Geldmenge wird zentral vorgenommen. Gerade hierdurch wird aber über das Wohlergehen der Bürger entschieden. Deren Leben und Arbeiten vollzieht sich dann wie im Laufrad einer vorgegebenen

Tretmühle: die dabei erzeugten Leistungen und Werte gelangen stets entsprechend dem im Geldsystem vorgegebenen Mechanismus an ihren Bestimmungsort. Dieser Mechanismus ist so intelligent konzipiert, daß er dem Durchschnittsbürger völlig verborgen bleibt, so daß er die ganze Zeit über von der festen Überzeugung durchdrungen bleibt, er würde stets nach seinem persönlichen Verdienst, Fleiß und guten Charakter belohnt werden.

Es ist wichtig, zu verstehen, daß die Menschen, die direkt vom jeweiligen Zustand des Finanzsystems betroffen sind, hierbei keinerlei Mitsprachemöglichkeit haben. Wer nachfragt, bekommt erklärt, diese Sachverhalte seien viel zu kompliziert, als daß man sie als einfacher Bürger jemals verstehen könne. Das sei nun mal Sache der Beteiligten, also der Bankiers und der mit ihnen kommunizierenden Politiker.

Der Ansatz „von oben" unterscheidet sich nur in zwei Färbungen: einer auf die Dominanz eines Geldadels ausgerichteten und einer, die auf sozialistisch/kommunistischen Anschauungen basiert. Im zweiten Fall wird postuliert, das Volk möge Stellvertreter (also Partei- oder Gewerkschaftsfunktionäre) abstellen, die im Sinne der gesamten Gesellschaft für Gerechtigkeit und Ausgleich zu sorgen hätten.

Der Ökonom John Maynard Keynes sei hier genannt; die von Gewerkschaften, Linken bzw. Sozialisten bevorzugte keynesianische Richtung pflegt gerne das Bild vom Staat als einem „Übervater", der für ausgleichende Gerechtigkeit zu sorgen und den Wohlstand nach dem Gießkannenprinzip zu verteilen habe. Das Falschgeld-Konzept des Fiat Money wird nicht nur nicht infrage gestellt, sondern man wünscht sogar noch mehr Schuldenaufnahme des Staates in Form von „Konjunkturprogrammen" (will heißen: von zusätzlicher Schuldenaufnahme, um weiteres ungedecktes Fiat-Geld in den Wirtschaftskreislauf einzuspeisen). Hinter dem nachfrageorientierten Grundansatz steht die These, man könne durch Erhöhung von Löhnen und Gehältern (auf Schuldenbasis, also per ungedecktem Geld) auch das Wirtschaftswachstum ankurbeln.

Das Gießkannenprinzip finanziert sich nach diesem Denken durch einen sehr einfachen Grundsatz: Abkassieren der „Reichen", also weitere Steuererhöhungen. Dahinter steckt natürlich der Wunsch, selbst an die Spitze der Pyramide und damit des Kontrollsystems zu kommen. Es ist dasselbe alte, hierarchische Denken: die Revolutionäre von heute werden die Tyrannen von morgen. Und alles das spielt sich immer innerhalb der alten, von Macht-

| Ungedecktes Geld | Wertgedecktes Geld | |
|---|---|---|
| Staats-/Zentralbankgeld | Staatsgeld | Freies Marktgeld |
| Zentrale Notenbank = <br><br>Partnerschaft <br>Regierung <—> private Groß-banken | Volldeckung des Papiergeldes durch Echtgeld (1:1 umtauschbar) | Edelmetalle oder vollgedeck-tes Papiergeld (Wechsel-scheine für Waren oder Lei-stungen) |
| *Fiat Money* (Geld wird größten-teils als Kreditgeld „aus dem Nichts" geschaffen).<br><br>Das Papiergeld (US-Dollar) wird von einem privaten Bankenkar-tell (FED: privilegierte Interes-sengruppe aus superreichen Finanziers) an den Staat verlie-hen.<br><br>Anti-Markt-orientiert. Regulie-rung von oben. Annahmezwang.<br><br>Variante:<br>**Goldstandard** (teilgedecktes Geld, z.B. 1:10 gedeckt) | **Realisierung:**<br><br>Edelmetalle (nicht änderbar Wert): Gold, Silber, Pla-tin, Palladium (auch: Öl, Getreide).<br>Markt-orientiert.<br>Bewertung selbstregulierend. (Kein Kredit-, kein Zins-verbot; keine Zinsbesteuerung.)<br>Digitale Edelmetalldienste oder Krypto-Währungen zur Fern-Abwicklung und für kleinste Einheiten mög-lich. | |
| **Staatsgeld: Schwundgeld** | | |
| „Umlaufgesichertes Freigeld" nach Silvio Gesell. Streng zen-tralistisch und „von oben" ver-ordnet. Annahmezwang. Zins-verbot. | | |

*Anmerkung:*

Obiges Schema versucht, einen komplexen Sachverhalt übersichtlich und dadurch besser ver-ständlich zu gestalten, der zum einen den allermeisten Menschen völlig unbekannt ist oder von sogenannten „Experten" — zumeist aufgrund von Voreingenommenheit — nur teilweise bzw. verzerrt dargestellt wird. Die menschliche Geschichte hat in mehreren tausend Jahren zahllose Mischformen und Übergänge zwischen den einzelnen Modellen hervorgebracht (ins-besondere im Bereich Staatsgeld und gleitendem Übergang von vollgedecktem zu ungedeck-tem Geld); dadurch gibt es keine vollständig scharfen Trennungen zwischen den jeweiligen Ansätzen. Umso wichtiger ist es, auch aufgrund der aktuellen Systemkrise, das Augenmerk auf unverfälschtes, vollgedecktes Geld sowie auf Marktgeld zu richten.

und Habgier vergifteten Gesetzmäßigkeiten des Falschgelds ab! Dabei macht näheres Durchdenken klar, daß es das Falschgeldsystem selbst ist, das zur Täuschung und Enteignung der Bürger nicht nur führen kann, sondern nach seiner inneren Logik auch muß. (Unterschlagen wird außerdem, daß die Aufblähung der Falschgeldmenge zu Inflation führt und somit auch der Kleine Mann systematisch indirekt enteignet wird.)

*Die Mutation zur Krake „Wohlfahrtsstaat"*

Im letzten Stadium des Staatsgelds verstärkt sich die Tendenz der Obrigkeit, zu einer alles umgreifenden und alles an sich reißenden Staatskrake zu werden. Denn der Staat ist ja de facto bereits bankrott, kann das aber, da er über genug Mittel zur Beeinflussung der öffentlichen Meinung verfügt, noch für eine gewisse Zeit vertuschen. Da er den Massen gegenüber, die ihn sonst hinwegreißen würden, eine Rechtfertigung für die Fortführung der Falschgeld- und Schuldenpolitik braucht, gibt er sich verstärkt als fürsorgliche, die Probleme weiterhin wohlfeil lösende Glucke und wird zum Fürsorge-, Nuckel-, Wohlfahrts- und Verteilungsstaat. Es gibt einen sogenannten „Linksruck", sozialistische Parolen gewinnen mehr und mehr Anklang. Politiker, die nur noch Schaureden veranstalten und ihre hohlen Phrasen immer noch ansprechender und wohlklingender intonieren, laufen zur Hochform auf und werden von den gekauften Medien zu epochalen Wohltätern der Menschheit stilisiert. Noch aufwendigere und noch teurere Konjunkturprogramme sollen die endgültige Lösung bringen und verursachen Schulden in astronomischer Dimension: die Nullen in den Zahlen werden so zahlreich, daß man endgültig jeden Überblick und jedes Maßgefühl verliert. Die Bürokratie wird immer noch weiter aufgebläht und verschlingt damit weitere Ressourcen. Die Relation der Nichtarbeitenden, die Sozialleistungen beziehen, zum Anteil der Arbeitenden und Leistungsträger wird immer unverhältnismäßiger.

Wo nichts mehr zum Verteilen da ist, muß man es sich eben von denen holen, die noch etwas haben. Steuererhöhungen, Lastenausgleiche, mehr oder weniger offen betriebene Enteignungen, Vergesellschaftung der noch vorhandenen Vermögen und Werte — so stellen sich die letzten Methoden dar, mit denen sich die Staatskrake noch gegenüber den Massen als menschenfreundlich zu geben versucht. Der andere, in der Geschichte oft beschrittene Weg führt über das Anzetteln von Kriegen, für die sich bekanntlich leicht irgendein Vorwand finden läßt.

*Gold und Silber als natürlicher Gegenpart der Geldmanipulation*

Wie bereits beschrieben gewährleisten die beiden obengenannten Ansätze Goldstandard und Schwundgeld keine echte Lösung des Problems der Geldentwertung und der absehbaren Inflation und Hyperinflation. Das kann gar nicht genau genug verstanden werden! Demgegenüber ist vollgedecktes Geld nicht nur künstlicher Wert als Tauschmittel, sondern in „Personalunion" zugleich auch echter Wert. Und es ist der einzige Wert, der unvergänglich ist: So haben zum Beispiel die Edelmetalle Gold und Silber im Laufe der letzten Jahrtausende ihren Wert stets beibehalten. Die vermeintlichen Schwankungen ergaben sich einzig durch die Schwankungen des Papiergeldes — so entsprach eine Unze Gold zwischen ca. 20 und 2.400 US-Dollar, eine Unze Silber lag zwischen ca. 4,7 und 800 US-Dollar.

Eine nachhaltige Propaganda und Gehirnwäsche der Öffentlichkeit, insbesondere in den letzten etwa zwei Jahrhunderten, hat jedoch dazu geführt, daß Privatgeld von den Menschen als unmöglich bzw. nicht funktionsfähig eingeschätzt wird. Die meisten wissen nicht einmal mehr, daß so etwas überhaupt möglich ist — wo es doch über lange Perioden der Menschheitsgeschichte das beste und erfolgreichste Geldsystem gewesen ist.

Eines der beliebtesten und immer wieder aufgetischten Argumente gegen vollgedecktes Geld (z.B. via Gold/Silber/Platin) lautet, bei gleichbleibender Geldmenge würden Wirtschaftswachstum und Fortschritt begrenzt oder sogar verhindert. Die Geldmenge müsse daher stets mit der Warenmenge mitwachsen, und dies sei nun mal bei begrenzten Edelmetallressourcen unmöglich. Ebendies ist völliger Unsinn: Der Wert des Geldes würde sich völlig flexibel an das jeweilige Wertpendant anpassen, indem er einfach stiege.

Machen wir uns nochmal den zugrundeliegenden, im öffentlichen Bewußtsein zumeist ausgeblendeten Zusammenhang deutlich: Staatsgeld ist immer Papiergeld und damit Falschgeld, denn erhält der Staat (bzw. die mit ihm verbündeten Banken) die Regie über die Geldausgabe und somit über die Steuerung der Geldmenge, so erhält er im selben Moment die Möglichkeit, den Bürger durch Gelddrucken auf verdecktem Wege zu betrügen und zu enteignen: Während die Geldmenge durch ständige neue Verschuldung aufgebläht wird, erzählt man dem Bürger, die Preise würden „steigen" — ein typisches Trick- und Ablenkungsmanöver, ähnlich dem Vorgehen professioneller Magier, die das Publikum vom entscheidenden Punkt ablenken, indem sie dessen Aufmerksamkeit auf etwas anderes richten.

Nur eine voll durch Gold, Silber und ggf. weitere Edelmetalle gedeckte Währung entzieht dem Staat diese Möglichkeit der Manipulation, denn es handelt sich dabei um die einzigen allgemein anerkannten echten Werte, die er nicht beliebig herstellen und verfälschen kann. Edelmetalle bedeuten also nichts anderes als die Unterbindung von Währungsmanipulation und somit von versteckter Enteignung. Genau aus diesem Grund wurden Gold und Silber seitens aller modernen Regierungen und durch die ihnen hörigen „Wirtschaftsexperten" verdammt und geächtet: sie gelten dem etablierten Finanzwesen als suspekt und bedrohlich. (Man lese dazu unbedingt den bemerkenswerten Essay von Alan Greenspan — siehe unten unter Lesehinweise — , dem nichts hinzuzufügen ist!)

Zur Beseitigung des Falschgeldsystems und zur Wiedereinführung eines voll wertgedeckten Geldes braucht — im schlimmeren Fall — gar nichts getan zu werden. Denn Falschgeld enthält seinen Selbstzerstörungsmechanismus ja bereits eingebaut; hierdurch kollabiert es notgedrungen innerhalb bestimmter Zeitzyklen. Weiteres Aufblasen von gigantischen Schuldenblasen zögert dieses Ereignis nur hinaus und macht die Katastrophe nur umso schlimmer, aber an der zugrundeliegenden Logik ändert es nicht das geringste.

## DAS GRESHAM'SCHE GESETZ BEI STAATS- UND BEI PRIVATGELD

Das Gresham'sche Gesetz, das in Kreisen, die sich mit Geldtheorie und Finanzwesen beschäftigen, des öfteren zitiert wird, besagt, daß das schlechte Geld das gute Geld verdrängt. Beispiel: Kursieren Metallmünzen, so behält der Bürger die bessere Münze (also die mit dem höheren Feingehalt oder Edelmetallanteil), um sie zu horten, und gibt die schlechtere in Umlauf.

Interessanterweise wird meistens unterschlagen: Diese Gesetzmäßigkeit gilt nur bei Staatsgeld. Denn der Staat hat ja dann die Macht, die Akzeptanz seiner Währung als gesetzliches Zahlungsmittel zu erzwingen. Bei Privatgeld dreht sich der Effekt jedoch in sein genaues Gegenteil um: das bessere Geld verdrängt natürlicherweise das schlechtere. Eigentlich handelt sich also um genau dasselbe Gresham'sche Gesetz, nur die Perspektive kehrt sich um.

Nur weil staatliche Zahlungsmittel angenommen werden müssen, kommt das schlechtere Geld zum Zuge. Kann der Bürger aber nach eigener Wertschätzung entscheiden — und genau das ist bei vollgedecktem Geld der Fall, wo eine staatliche Täuschung durch Falschgeld als unmöglich und nicht mehr praktizierbar unter den Tisch fällt —, so wählt er natürlich den höheren Wert, und entsprechend gilt auch das höherwertige Geld mehr als das geringerwertige.

## FREIES MARKTGELD IN DER PRAXIS

### Echtgeld im elektronischen Zahlungsverkehr

Marktgeld bedeutet nicht automatisch Edelmetalle in physischer Form, sondern es bedeutet: wertgedecktes Geld. Hierzu eignen sich alle bisherigen Währungsformen wie Münz-, Papier- oder Buchgeld; der Unterschied liegt hier aber in der Umtauschmöglichkeit zu echten Werten. Eine weitere, bereits vorhandene Alternative sind wertgedeckte Digital-Währungen wie e-Gold, GoldMoney, e-Dinar oder Pecunix, bei denen auch kleinste Beträge verrechnet werden können und die über beliebige Entfernungen transferierbar sind.

Im Unterschied zum ungedeckten bisherigen Geld sind hier sämtliche Beträge, wie groß oder klein auch immer, jederzeit in echten Wert konvertierbar. Wir wären also wieder da angelangt, wo man vor langer Zeit begonnen hatte (als etwa die Dollarnote, der Greenback, zur Erleichterung des Transports echter Dollars, nämlich der Silberdollars, als Wechselschein eingeführt wurde).

*Im elektronischen Zahlungsverkehr könnte der Inhaber von Warenwährungen nicht nur mit diese Warenwährung ausdrücklich akzeptierenden Händlern Geschäfte abwickeln. Er könnte über sein Einlageninstitut in einer logischen Sekunde und von ihm quasi unbemerkt seine Warenwährung in Staatswährung elektronisch umtauschen und damit den Händler bezahlen. Erhält er selbst einen*

*Geldeingang — beispielsweise den Empfang einer Lohnbuchung —
in legal tender in elektronischer Form, dann könnte er ebenso unver-
züglich den empfangenen Betrag in die private Warenwährung
umtauschen. Das von ihm beauftragte Einlageninstitut könnte dies
sogar als automatisierte Dienstleistung anbieten.*

*Der Benutzung der Privatwährung auf elektronischem Wege stün-
den keine auf dem Gresham'schen Gesetz basierenden Hürden im
Wege. Eine solche Währung hätte im Umlauf keine Nachteile gegenüber dem staatlichen Papiergeld.*

Wolfgang Sturm, zitiert aus: Warengedeckte Währungen –
eine Antwort auf Gregor Hochreiter

## Widerlegung geläufiger Einwände

Es soll hier noch einmal auf das Standardargument der Befürworter ungedeckten Kreditgeldes eingegangen werden: ohne Wachstum der Geldmenge würde die Wirtschaftsentwicklung behindert und somit auch eine
Zunahme des Wohlstands bzw. der Lebensqualität. Stellen wir uns eine von
der restlichen Welt getrennt existierende Insel vor, auf der tausend Menschen leben. Dort gäbe es 10 Kilo Gold. Das Gold würde als Zahlungsmittel gebraucht. Nehmen wir nun einen Lebensstandard an, der dem späten
Mittelalter entspräche. Eine Kutsche würde dann vielleicht 10 Goldstücke
kosten. Nehmen wir weiter an, diese Kultur würde sich ein paarhundert
Jahre weiterentwickeln, so daß es statt der Kutschen moderne Automobile
gäbe, wie es sie heute auch bei uns gibt. Ein Mercedes würde dann wahrscheinlich auch wieder 10 Goldstücke kosten. Und entsprechend verhielte es
sich mit weiteren Gebrauchs- und Luxusgegenständen. Vielleicht gäbe es auf
der Insel ein paarhundert Jahre später Raumschiffe, die sich einzelne Bürger
kaufen könnten. Auch diese würden dann 10 Goldstücke kosten.

Was das Beispiel zeigen soll: Das wertgedeckte Geld (in unserem Beispiel
Gold) ist einfach die Grundlage für Wertetransfers und Tauschvorgänge; es
ist quasi ein „Kommunikationsvehikel". Sein Wert ist immer das, was sich
durch den lebendigen Ablauf der „Werte-Kommunikation" ergibt. Es ist
kein absoluter Wert per se (so, wie das heute immer angenommen wird).
Wichtig ist einfach, daß er nicht beliebig künstlich hergestellt werden kann
— und noch wichtiger: *auch von den Herrschenden nicht!*

Die Behauptung, daß wertgedecktes Geld die Entwicklung einer Kultur und Zivilisation behindere, wird durch die ganzen letzten zwei-, drei- und mehrtausend Jahre komplett ad absurdum geführt. Ganz im Gegenteil: Papier- und Kreditgeld ohne Wertdeckung, ebenso wie alle weiteren Versuche der jeweils Regierenden, den Geldwert auszuhöhlen und zu verschlechtern, um damit ihre ambitionierten, unsoliden Projekte (meistens Kriege oder maßlose Verschwendung) finanzieren zu können, führten stets in Krisen, Aufstände, Revolutionen und ganz allgemein in schwerwiegende Kollapse der solcherart künstlich aufgeblasenen Systeme.

Wertgedecktes Geld hat keine einzige fruchtbare, aufstrebende Zivilisation am gesunden Wachstum gehindert: weder das römische Reich noch das Mittelalter in seiner Blütezeit des Kathedralenbaus und der Städtegründungen. Im Gegenteil: Die Phasen mit der höchsten Wertdeckung sind zugleich auch die erfolgreichsten gewesen. So florierte eine der kaufmännisch erfolgreichsten Kulturen der Menschheitsgeschichte, die Republik Venedig, auf der Grundlage edelmetallgedeckter Währungen (Gold und Silber) ab 1284 für ein halbes Jahrtausend. Ähnlich die italienischen Stadtstaaten Florenz, Siena, und Genua. Das byzantinische Reich (Ost-Rom bzw. Konstantinopel) genoß von 324 n. Chr. an für über 12 Jahrhunderte Frieden und Stabilität. Die voll wertgedeckte Mark Banco der 1619 gegründeten Hamburger Bank, auf deren Basis auch moderne Girogeschäfte abgewickelt werden konnten, galt 250 Jahre lang als sicherstes Geld der Welt.

Diese Art Geld ist nicht starr, sondern einfach nur ehrlich und beständig. Entsprechend muß sich dann aber auch die jeweilige Kultur, die solch eine Währung benutzt, daran messen lassen: Sein oder Schein? Die Menschen, die auf unserer Beispiel-Insel leben, haben mit dem steigenden Wert ihres Echtgeldes Teil an der Entwicklung des gemeinsamen Wohlstands. Was zuerst statisch wirken mag, bedeutet viel eher eine Freiheit vom allgemeinen Rattenrennen, das uns heute als selbstverständlich und unvermeidlich suggeriert werden soll. Die Dynamik des Kreditgeldes entpuppt sich als Abhängigkeit von Geld, nicht als heilsame Entfaltung des menschlichen Potentials.

Ein weiteres typisches Argument gegen Echtgeld betrifft die ungleiche Verteilung. Da haben wir dann ein paar Superreiche, die Gold tonnenweise horten und alles, was ihnen nur beliebte, aufkaufen könnten, während sich Millionen von armen Afrikanern mit ein paar Krümel Goldes begnügen müßten. Man solle doch bitte erst mal Tabula rasa machen und alles ganz gerecht neu verteilen. Es ist schon faszinierend, wie mit solchen Ideen das sozialistische Top-Down-Denken ganz reflexhaft in Gang kommt: Enteignung und Um- bzw. Neuverteilung, und dann haben wir die gerechte Ausgangslage. Meine Frage. Hat es das schon mal gegeben? Wer will das in Gang setzen und steuern?

Selbst wenn so etwas funktionierte: Interessanterweise kommen wir immer wieder zum Thema des Marktes und der Leistung zurück. Entscheidend für das Florieren einer Zivilisation ist es nämlich, inwieweit Leistung honoriert wird und Austauschvorgänge unbehindert bleiben. Echtgeld ist hierfür das optimale Mittel, weil es per se gerecht und unbestechlich ist; es läßt sich nicht mißbrauchen. Es verteilt sich aufgrund von Leistung. Fiatgeld hingegen hat, wie wir gesehen haben, die Umverteilung bereits eingebaut. Damit wird der Markt außer Kraft gesetzt. Weiterhin außer Kraft gesetzt wird er durch zentralistische Wirtschaftssteuerung (hier: Zentralbanken, ob staatlich oder privat). Selbst unser Gold hortender Superreicher könnte sich mit Echtgeld nicht automatisch bereichern, sondern entzöge dem Geldkreislauf bloß Geld. Aber mit dem Fiatgeld wird er zur Krake, die ständig größer und mächtiger wird.

Darüber hinaus ist Gold nicht das einzige Edelmetall; es gibt Silber, aber es gibt auch noch Platin und Palladium. Man könnte sich sogar noch weitere Möglichkeiten einer Wertdeckung denken. Genau das passiert nämlich automatisch, wenn das Marktgeld *frei* ist und bleibt: die jeweilige Wertdeckung unterläge dann wieder Marktgesetzen und wäre nicht, wie beim Goldstandard, zwangsweise vom Staat aufoktroyiert.

In gewissem Sinn führt sich diese Währung sogar schon jetzt wieder ein: Denn immer mehr Menschen kommen dahinter, daß mit unserem Papiergeld etwas gehörig schiefläuft, und schichten in andere, verläßlichere Werte um. Diesen Prozeß kann nicht mal die perfekteste Diktatur verhindern. Das Leben bahnt sich immer wieder einen eigenen, natürlichen, nicht von irgendeiner Funktionärstyrannei reglementierten Weg.

*Bitcoin: Revolutionäres Modell einer dezentralen Internet-Währung*

Die digitale Krypto-Währung Bitcoin, aus einer Idee des Japaners Satoshi Nakamoto entstanden, begann im Laufe des Jahres 2010 auf sich aufmerksam zu machen. Der entscheidende Aspekt ist, daß Bitcoin völlig dezentral ist. Der Wert-Austausch geschieht nach dem Peer-to-Peer-Verfahren, also von einem Computer zum anderen, und ist damit E-Mail-Austausch oder Bargeldverkehr zwischen zwei Personen vergleichbar. *Es gibt keine zentrale kontrollierende Instanz wie etwa ein Bankensystem oder eine Zentralbank.* Im Unterschied zu den oben erwähnten Digitalwährungen gibt es auch *keine Organisation, die irgendwo Sitz oder Adresse oder Hauptverantwortliche hätte.* Wir haben daher hier ein gutes Beispiel für ein reines, von vornherein freies Marktgeld.

Bitcoin nutzt auf einer tiefen, konzeptuellen Ebene die Offenheit und Unbeherrschbarkeit des Internets als einem grundsätzlich dezentralen Medium, einem Netz aus gleichberechtigten Knoten. Es ist mit der beschriebenen Natur des Internets wesensmäßig identisch. Warum ist Bitcoin dezentral? Weil es Beziehungen immer nur frei zwischen beliebigen, freiwillig teilnehmenden Bezugspunkten herstellt, also genau so, wie wenn ich mich auf der Straße mit einem beliebigen Passanten unterhalte und austausche. Man könnte dieses Geldsystem nur ausschalten, indem man den offenen Charakter des Internets reduzieren würde zu einem durch und durch kontrollierten, zensierten, in seinen Grundfunktionen verkümmerten, durch enormen bürokratischen Überwachungs- und Abhöraufwand angeschwollenen Obrigkeitsstaat-Internet.

LESEHINWEISE

— Gold und wirtschaftliche Freiheit, Alan Greenspan, Originalartikel 1966
   *http://www.goldseiten.de/content/kolumnen/artikel.php?storyid=96*

Ein geradezu sensationeller Text, der Greenspans damals noch aufrichtige Gesinnung und sein präzises Verständnis der Geldschöpfung dokumentiert. Er offenbart hier das, wie er es selbst nennt, „schäbige Geheimnis" hinter der Zurückdrängung von Echtgeld zugunsten des ungedeckten Fiatgeldes:

*Ohne Goldstandard gibt es keine Möglichkeit, Ersparnisse vor der Enteignung durch Inflation zu schützen. Es gibt dann kein sicheres Wertaufbewahrungsmittel mehr. Wenn es das gäbe, müßte die Regierung seinen Besitz für illegal erklären, wie es ja im Falle von Gold auch gemacht wurde. Wenn z.B. jedermann sich entscheiden würde, all seine Bankguthaben in Silber, Kupfer oder ein anderes Gut zu tauschen und sich danach weigern würde, Schecks als Zahlung für Güter zu akzeptieren, würden Bankguthaben ihre Kaufkraft verlieren und Regierungsschulden würden kein Anspruch auf Güter mehr darstellen. Die Finanzpolitik des Wohlfahrtsstaates macht es erforderlich, daß es für Vermögensbesitzer keine Möglichkeit gibt, sich zu schützen. Dies ist das schäbige Geheimnis, das hinter der Verteufelung des Goldes durch die Vertreter des Wohlfahrtsstaates steht. Staatsverschuldung ist einfach ein Mechanismus für die „versteckte" Enteignung von Vermögen. Gold verhindert diesen heimtückischen Prozess. Es beschützt Eigentumsrechte. Wenn man das einmal verstanden hat, ist es nicht mehr schwer zu verstehen, warum die Befürworter des Wohlfahrtsstaates gegen den Goldstandard sind.*

Man sollte das mindestens zweimal lesen, und sehr langsam. Besser und treffender könnte es keiner auf den Punkt bringen. Später, in seiner Rolle als Chef des FED, wurde Greenspan leider zum Verräter seiner eigenen Grundsätze, indem er in den 1980er und 1990er Jahren für eine bislang ungekannte Aufblähung ungedeckten Geldes sorgte. (Der finanzielle Tsunami, Teil III: Greenspans große Strategie *http://info.kopp-verlag.de/hintergruende/wirtschaft-und-finanzen/f-william-engdahl/der-finanzielle-tsunami-teil-iii-greenspans-gros.html*)

Während der Feier, die anläßlich des 100-jährigen Jubiläums der FED-Gründung, wiederum auf Jekyll Island, abgehalten wurde, nahm er sich dann die Freiheit heraus, von Betrug zu sprechen, der begangen worden sei:

„*Things were being done which were certainly illegal and fairly criminal in certain cases. Fraud, fraud is a fact.*" (*http://www.economicpopulist.org/content/greenspan-calls-fraud*)

— »Die Fed hat den Dollar zerstört!« – US-Bundesstaaten wehren sich gegen die US-Notenbank und wollen wieder Gold und Silber als Währung einführen, Michael Grandt, 14.5.2009 *http://info.kopp-verlag.de/hintergruende/wirtschaft-und-finanzen/michael-grandt/-die-fed-hat-den-dollar-zerstoert-us-bundess.html*

— Das Silberkomplott, Reinhard Deutsch, Kopp, 2006

— Warengedeckte Währungen – eine Antwort auf Gregor Hochreiter, Wolfgang Sturm, 23.03.2007 (Link *http://liberty.li/magazine/* leider inaktiv)

— Neuer Vorschlag für Weltwährung: Digitales Gold, ria novosti, 15.4.2009 *http://de.rian.ru/business/20090415/121125468.html*

— Das Aufschieben der Krise, Thorsten Polleit, 17.12.2008 *http://wirtschaftlichefreiheit.de/wordpress/?p=299*

— Über Staatsgeld, Experten und Krisen, Thorsten Polleit, 23.4.2009 *http://wirtschaftlichefreiheit.de/wordpress/?p=799*

— Bundesermächtigungsgesetz — Wie der deutsche Staat das Geld seiner Bürger hinter deren Rücken und ohne jegliche Informationsmöglichkeit ausgibt und dabei auch vor der Brechung des Grundgesetzes nicht zurückschreckt, ARD-Bericht, 26.5.2009 *http://www.youtube.com/watch?v=7NU2VkAEf04*

— Digital gold currency, Wikipedia, *http://en.wikipedia.org/wiki/Digital_gold_currency*

— Geld und Inflation aus der Sicht der Wiener Schule — Eine Analyse des Instituts für Wertewirtschaft, Gregor Hochreiter, *http://www.wertewirtschaft.org/analysen/Inflation.pdf*

— Wirtschaftskrise – Währungskrise – Sozialismus, Mack & Weise Capital, 2.7.2009 *http://www.mack-weise.de/download/studien/2009/Wirtschaftskrise-Waehrungskrise-Sozialismus_02.07.09.pdf*

— Die Hierarchie der verwendeten Geldarten in der Großen Depression, Robert Klíma, 27.12.2009 *http://www.hartgeld2.com/filesadmin/pdf/TO2009/Klima-Die-Hierarchie-der-verwendeten-Geldarten.pdf*

— Geld, Gold und der Goldstandard, goldseiten.de *http://www.goldseiten.de/content/gold-standard/*

— Ferdinand Lips: Gold Wars: Kriege, Gold und Währungskrisen, Vortrag an der Universität St. Gallen, Donnerstag 24. Juni 2004, Vortragsreihe „International Finance & Security" *http://www.dolphin-economics.de/joomla/index.php/lektuere/89-kriege-gold-und-waehrungskrisen-.html*

— Die Bitcoin P2P Krypto-Währung *http://www.bitcoin.org/de*

— Das Besondere an Bitcoin, Radio Reschke, 26.12.2010 *http://www.radio-reschke.de/das_besondere_an_bitcoin*

# DER IRRTUM DES SOZIALISTISCHEN GELDVERSTÄNDNISSES

## DAS ENTSCHEIDENDE KRITERIUM

Ich gebe Ihnen jetzt ein ganz einfaches Kriterium an die Hand, mit dem Sie auf Anhieb feststellen können, ob Sie es bei einem Finanzmodell und Geldverständnis mit einem sozialistischen Ansatz zu tun haben. Es lautet:

> **Wertdeckung.**
> Ist Wertdeckung gegeben oder nicht? Wird, wenn von „Geld" die Rede ist, von einem **wertgedeckten** oder von einem **ungedeckten Geld** ausgegangen?

Damit haben Sie den entscheidenden Schlüssel, mit dem Sie sofort zu den Grundlagen durchdringen. Ich gehe sogar soweit, zu behaupten: Sie finden dann auch sofort heraus, ob es sich um einen sozialistischen Politikansatz handelt oder nicht.

Natürlich basieren heute fast alle Finanzkonzepte und auch die politischen Programme praktisch aller Parteien auf nicht wertgedecktem Geld und sind somit selbst sozialistisch. Das gilt — auch wenn Sie mir das vorerst wohl nicht abnehmen werden (aber ich werde es beweisen) — , auch für angeblich liberale Parteien wie die FDP. Das hat geldhistorische Gründe. Ungefähr seit dem 18. Jahrhundert läuft eine moderne Form der Gehirnwäsche ab, die Wertdeckung aus den Köpfen der Menschen vertrieben und Scheingeld (im wahrsten Sinne des Wortes) einsuggeriert hat. Der Grund liegt wohl einerseits in der Etablierung versteckter Machteliten wie Rothschild, Rockefeller, Morgan, Warburg etc. (siehe die Geschichte der Bank of England sowie die Entstehung des Federal Reserve Systems in den USA), aber andererseits im Geldhunger der modernen bürokratischen Staatskraken mit den darin eingenisteten Politikern, die sich davon Einfluß, Prestige und persönliches Renommee versprechen.

Es ist wichtig, die Psychologie hinter dem sozialistischen Politikansatz zu verstehen; dann versteht man auch sofort den Grund, weshalb in diesem Ansatz stets legales Falschgeld höher bewertet wird als echtes (wertgedecktes) Geld. Das sozialistische Modell ist ein Top-down-Modell (von oben nach unten aufgebaut und von oben nach unten denkend). Unter dem Vorwand, man könne so für „mehr Gerechtigkeit" sorgen, wird eine Oberinstanz „Staat" geschaffen, die an einen Gott oder an einen Übervater erinnert und die letztendlich zu regieren hat. Das Volk ist nur noch dazu da, dieser Oberinstanz Verantwortung abzutreten, indem es sie in Pseudodemokratien „wählen" darf. Letztlich werden aber immer nur Einzelfärbungen gewählt (so, wie man im Fastfood-Bereich zwischen McDonalds und Burger King wählen darf und dann im wesentlichen dasselbe Nahrungsangebot erhält). Das System selbst ist vorgegeben. Ich bezeichne es als „Krake", weil es sich automatisch von den zur Verfügung stehenden Ressourcen ernährt und ständig wächst. Da immer mehr Menschen in der Bürokratie des Systems angestellt sind und dort ihr Auskommen verdienen, sind auch immer mehr Menschen an diesem Wachstum interessiert: es sichert scheinbar Arbeit und Wohlstand.

Psychologisch nimmt die Staatskrake dem einzelnen Verantwortung ab, was der heutigen Generation der konsum- und komfortorientierten Bürger ein Gefühl der Erleichterung beschert. Es gibt das sogenannte „Soziale Netz" für alle Arten von Benachteiligten (ethnische Minderheiten, Arbeitslose, Alte, Kranke usw.), es gibt öffentliche Einrichtungen wie Nahverkehr und Kulturprogramme: es gibt ein unglaublich weitverzweigtes kollektives System der Absicherung und Versorgung. Mit anderen Worten: Die immer stärker gefürchteten Gespenster von Angst, Leiden und Sterben sollen durch ein ständiges Mehr an Sicherheit und Sorgenfreiheit vertrieben werden. Sozialismus organisiert all diese Aufgaben kollektivistisch, ausgehend von zentralistischen Instanzen. Auch die Medien werden immer mehr zentralistisch verwaltet und gesteuert; es gibt fast keine Pluralität mehr, sondern alles kommt aus denselben wenigen Quellen. Dasselbe gilt mittlerweile für die Unterhaltungsindustrie, die der Aufgabe gewidmet ist, den einzelnen, vom Sozialismus betreuten Bürger in einem Zustand der Abgelenktheit und Sorgenfreiheit zu halten — ihn möglichst „zufrieden" zu machen.

Der zentralistische Top-down-Ansatz ist heute bereits so selbstverständlich geworden, daß man das Wort „sozialistisch" nicht mehr mag und sich auch nicht anheften lassen möchte. Schließlich sei ja der „reale Sozialismus" historisch gescheitert. Der moderne Sozialismus präsentiert sich als Konzern- und Großkapital-Sozialismus und ist nichts als ein verkappter Totalitarismus — jedoch gewaltfrei.

Zurück zum Geld. Nur mit dem hier soeben beschriebenen Staatsbegriff läßt sich ungedecktes Geld verwalten. Das Geld wird einfach als Papier- und Buchgeld (in Computern) erzeugt; eine Zentralbank regelt die Geldmenge. Wer an den Staat glaubt, glaubt auch daran, daß der Staat weise und gerecht ist und daß die dort tätigen Politiker sein bestes wollen. Sie wollen ihm sicher helfen und denken danach erst an sich selbst — das versichern sie ihm ja auch jeden Tag von neuem, also wird es wohl stimmen. Daß der Staat auf Grundlage seiner Potenz, beliebig Scheingeld zu schaffen, sich auch gleichzeitig die Möglichkeit verschafft, immer neue Kriege zu finanzieren, interessiert den Bürger weniger, denn er hält seinen Staat ja für etwas grundsätzlich Sinnvolles. Außerdem bekommt er — ebenfalls tagtäglich — zu hören, daß diese Kriege leider nötig seien und sich nicht vermeiden ließen: werde doch durch sie der Frieden in der Welt gesichert und das eigene Land vor bösen Feinden und Terroristen geschützt.

## DIE STAATSGELD-BEFÜRWORTER

Die meisten Kritiker des gegenwärtigen Finanzwesens kritisieren nicht den Staat, sondern die Banken und Konzerne. Gefordert wird, daß das Recht zur Erzeugung von Schein- bzw. Fiatgeld auf den Staat überzugehen habe. Auch wenn sich unter diesen Kritikern zahlreiche ansonsten sehr respektable Persönlichkeiten befinden, arbeiten sie meiner Beobachtung nach einer kommenden faschistischen Diktatur in die Hände. Woher kommt es, daß selbst intelligente Menschen den Unterschied zwischen gedecktem und ungedecktem Geld nicht verstehen? Es hat nichts mit Böswilligkeit zu tun; diese Leute haben durchaus honorige Absichten. Aber darunter verbirgt sich bei ihnen eine gravierende Schwachstelle: Der Grund für ihr Nichtverstehen liegt in der Struktur und Wirkweise ihres Verstandes begründet. Der Verstand ist nämlich selbst eine Top-down-Instanz; er denkt

„von oben nach unten", er pfropft der Wirklichkeit und dem unvorherseh-bar-chaotischen Leben ein selbstprojiziertes Wollen, Planen und Regeln auf, er ist technisch und rational, nicht emotional und nicht instinktiv. Intellektuelle wollen zwar Gutes, aber sie fürchten das Ganze des Lebens, in dem sich alle Kräfte der Existenz unkontrollierbar abwechseln. Daß Gerechtigkeit nichts Menschengemachtes ist, können sie nicht begreifen und werden sie auch nicht zulassen.

Gedecktes Geld hat ganz direkt mit geschaffenen Werten zu tun. Intellektuelle, die in einer Welt der Ideale und Ideenkonzepte leben, finden das meistens „zu materialisch". Auf den einfachen Arbeiter, der sich etwas erwirtschaftet, der spart, vorsorgt und haushält, schauen sie von oben herab und finden ihnen kleinkariert, „besitzgierig" und beschränkt. Geld sei doch gar nicht so wichtig, und Sachwerte müsse man doch auch wieder loslassen können. Jeder müsse mal sterben, und da könne er seine „gehorteten Schätze" ja auch nicht mehr mitnehmen. Natürlich steckt hinter diesem Denken eine unterschwellige Arroganz und eine völlig gespaltene Sicht. Der Intellektuelle verfolgt nämlich sehr wohl seine eigenen Vorstellungen von Nutzen und Profit, nur spricht er darüber nicht offen. Würde man ihm die staatliche Unterstützung, auf die er unausgesprochen spekuliert, entziehen, so käme eine unverhohlene Manifestation von Schmarotzertum und Habgier zutage. Auch hier gilt: Um die verborgene Wahrheit herauszufinden, stelle man stets die Frage nach der eigentlichen Interessenlage: Cui bono?

Der Wert, mit dem gelebt wird und den man mit anderen tauschen kann, muß immer erst geleistet und erkannt werden. Scheingeld ist per se ein Betrug an dieser simplen Tatsache, die überall dort im Leben gilt, wo falsche Vortäuschung keine Macht hat. Schaut man sich diesen Zusammenhang genauer an, dann erfährt man viel über den unterschiedlichen Charakter von Menschen. Es gibt Zeiten, da ist die Gruppe der Menschen, die (heimlich) in Kategorien von Diebstahl, Ausnutzung und Betrug denken, zahlenmäßig größer als die der anderen, die noch nach Grundsätzen einer bodenständigen Ehrlichkeit leben — selbst wenn sie in solchen Epochen nach außen hin die Dummen sind und übervorteilt werden. Aber die ersteren sind keine Gewinner, sondern sie gehen ihr ganzes Leben lang als Verlierer durchs Leben. Denn letztlich wissen sie innerlich genau, was passiert — sie fühlen es. Sie haben sich selbst betrogen. Und die anderen, die scheinbar übervorteilt wurden, haben dennoch ein viel besseres Gewissen und einen ruhigeren Schlaf. Der Unterschied ist eben doch nicht „nur materiell".

## Zur vorgeblichen Wissenschaftlichkeit gängiger Wirtschafts- und Finanztheorien

*Das Ausmaß des heutzutage verbreiteten hochgebildeten Unsinns ist unbeschreiblich.*

Roland Baader

Es ist interessant, daß die meisten alternativen Denkansätze, die zu einer Aufklärung im Bereich Geldsystem und Finanzwesen beitragen, nicht von Ökonomen kommen, sondern von Vertretern strikter Wissenschaften, insbesondere von Informatikern. Ökonomie (Volks- und Betriebswirtschaft) wird gemeinhin als exakte Wissenschaft betrachtet — und kennzeichnet sich selbst als solche. Das ist jedoch ein sehr bezeichnender Irrtum, der zu viel Unheil geführt hat. Ökonomie ist genauso wenig eine exakte Wissenschaft wie etwa Psychologie, und zwar schon aus dem einfachen Grund, weil menschliches Verhalten nicht nach mathematisch-naturwissenschaftlichen Gesetzmäßigkeiten abläuft.

Den Anschein der Exaktheit und Wissenschaftlichkeit (im engeren Wortsinn: also im Sinne von präziser Beweisbarkeit und Schlußfolgerbarkeit) verleiht man sich dadurch, daß man exakte Methoden in die eigene Disziplin aufgenommen, sie sich quasi „ausgeliehen" hat: darunter etwa die Statistik oder die Wahrscheinlichkeitstheorie. Mit diesen Disziplinen ausgestattet gelingt es den einschlägigen Vertretern der halbwissenschaftliche Zünfte, sich das Mäntelchen der Exaktheit umzuhängen. Sie machen das sehr geschickt — ich nenne es jedoch ein abgefeimtes Trickmanöver. Natürlich lassen sich zu allen möglichen Messungen und Datensammlungen mathematische Modelle (Tabellen, Diagramme, Statistiken, Charts etc.) erstellen. Aber damit wird dann ein falscher Anschein erweckt: so als handele es sich bei alledem um Tatsachen.

Unheilvoll wird diese Täuschung nun gerade im Bereich Geldsystem und Finanzwesen. Bezeichnenderweise haben die allermeisten Ökonomen, darunter auch die FED-Spitze, den Eintritt der Finanzkrise 2007 *nicht* vorhergesehen. Die ernstzunehmende Österreichische Schule der Ökonomie (von Mises, von Hayek) wurde sogar ganz aus dem wissenschaftlichen Lehrkanon verbannt; stattdessen hatte die neoklassische Richtung das Sagen. Das linke politische Spektrum huldigt wiederum dem Keynesianismus. Beide Richtungen sind erklärte Befürworter des Staatsgeldes in Form von ungedecktem Fiat-Geld.

Wie kommt es aber, daß viele neue (den Ökonomen sogar verhaßte) aufklärerische Ansätze ausgerechnet von Informatikern artikuliert worden sind — die dazu das Internet nutzen, weil sie so den starren Glaubenskanon des herkömmlichen „wissenschaftlichen" Lehr- und Vermittlungsbetriebs umgehen können? (Was allein das schon bedeutet, muß man sich auch erst mal klarmachen: denn früher wären solche Stimmen gar nicht zu Wort gekommen; man hätte sie schlichtweg unterdrückt.) Der Informatiker ist im Gegensatz zum Ökonomen ein exakter Wissenschaftler, und zugleich hebt er sich von den traditionellen exakten Wissenschaften (Mathematik, Physik, Chemie sowie alle klassischen technischen Disziplinen) darin ab, daß er auch sehr stark mit menschlichen Verhaltensweisen konfrontiert ist, insbesondere was die Bedienung von Computer- und Software-Systemen anbelangt. Er weiß in seiner Disziplin genau, was stimmt und was nicht stimmt; er weiß aber auch, wie Menschen darauf reagieren.

Was es für den Informatiker nicht gibt, ist Suggestion, ist die Beeinflussung von Ausgangsdaten, um bestimmte Resultate zu suggerieren. Der Informatiker glaubt nichts, sondern prüft alles nach. Entweder etwas stimmt (dann kann man das verifizieren), oder es stimmt nicht. Für ihn sind mathematische Gesetzmäßigkeiten nichts, das man biegen und drehen könnte — so wie es Ökonomen tun, die gewohnt sind, solche Gesetzmäßigkeiten in Form von Statistiken und Diagrammen dazu zu benutzen, um bestimmte vorgefaßte Ansichten zu untermauern und damit beim Publikum den Eindruck von hundertprozentiger Eintrittswahrscheinlichkeit hervorzurufen. Er weiß aber auch, daß diese mathematischen Gesetzmäßigkeiten immer weniger nützen, sobald man mit der natürlichen Beschränktheit, auch Emotionalität, Voreingenommenheit und/oder Trägheit des einzelnen Menschen zu tun bekommt.

Hinsichtlich des Geldsystems verläßt sich der Informatiker auf seinen nüchternen Einblick in die Ausgangskonstellation der Falschgelderzeugung. Scheinbare Werte werden dort aus dem Nichts geschaffen und von Menschen für bare Münze genommen. Die Zinseszins-Funktion wiederum wirkt, als wiederum unleugbare mathematische Gesetzmäßigkeit, wie ein unerbittlicher Verstärker und potenziert die Täuschung ins Unermeßliche. Der Betrugscharakter des Kreditgeldsystems ist für den Informatiker mit einem Blick zu durchschauen — als umso ungeheuerlicher muß er es empfinden, wenn er sieht, daß die allermeisten Ökonomen (und erst recht die systemhörigen Politiker) genau diesen Betrugscharakter ganz normal finden und mit ihm ihr Spiel der künstlichen Vortäuschung spielen. Es müsse dann eben einfach „die Wirtschaft entsprechend mitwachsen", es würden eben einfach „immer mehr neue Werte geschaffen", das könne man durch Ausnutzung des ständig weiterentwickelten „technischen und wissenschaftlichen Fortschritts" erreichen usw. usf.

Man muß dann immer abwegiger, maßloser und auch gewissenloser denken; man braucht sich nur daran zu gewöhnen, daß fast alle so denken, daß das heute ganz normal ist und daß mittlerweile alle fortgeschrittenen Zivilisationen dieses Planeten auf ebendiesem Schwindel basieren. Man könne es ja auch gar nicht mehr zurückdrehen, weil dann „alles zusammenbrechen" würde, und „das will doch wirklich keiner". Und doch wird kein exakter Wissenschaftler, der sich seinem Metier verpflichtet fühlt, jemals so denken — denn er würde seine eigene Disziplin damit wissentlich vernichten. Eine Physik, in der man aus dem Nichts heraus irgendwelche Kräfte und Wirkungen generieren könnte, wie es einem gerade beliebte, wäre keine Physik mehr und damit wertlos. Und eine Mathematik, bei der aus der Addition zweier Zahlen mehr als ihre Summe werden würde, wäre keine Mathematik mehr, und damit nur noch ein nutzloser Unsinn.

Es ist keine Schande, bei den einfachen Zusammenhängen zu bleiben und sich nicht auf die komplizierten Konzepte von Finanzjongleuren und intellektuellen Geldtheoretikern einzulassen, die mit immer neuen Argumenten ungedecktes Zentralbank- und/oder Staatsgeld zu rechtfertigen versuchen. Man frage einfach nach der Wertdeckung. Das hat schon der gute alte Goethe so gehalten, und der wußte auch aus eigener Erfahrung im Staatsamt genau, weshalb. Mit der ihm eigenen klaren, unbestechlichen Sicht der Dinge entlarvte er bereits zu Beginn des 19. Jahrhunderts, worauf heute das Gros der Ökonomen und Politiker hereinzufallen beliebt:

Vermutlich lernte Goethe bei den Freimaurern, denen er angehörte, das
dortige Einweihungswissen von der Geldschöpfung. So gibt es im
Drama Faust II eine sehr charakteristische Szene, in der Mephistopheles
(also der Teufel) das Papiergeld einführt. Und zwar aufgrund eines Tricks,
der nur vorgetäuschten Wert bzw. Reichtum mit tatsächlichem Wert vertauscht und damit einen Weg zum leichten Vergnügen schafft:

> *Ein solch Papier, an Gold und Perlen Statt,*
> *Ist so bequem, man weiß doch, was man hat;*
> *Man braucht nicht erst zu markten, noch zu tauschen,*
> *Kann sich nach Lust in Lieb' und Wein berauschen.*

> *Schatzkanzler zum Kaiser:*
> *„Gewähre dir das hohe Festvergnügen,*
> *Des Volkes Heil, mit wenig Federzügen."*
> *Du zogst sie rein, dann ward's in dieser Nacht*
> *Durch Tausendkünstler schnell vertausendfacht.*
> *Damit die Wohltat allen gleich gedeihe,*
> *So stempelten wir gleich die ganze Reihe,*
> *Zehn, Dreißig, Funfzig, Hundert sind parat.*
> *Ihr denkt euch nicht, wie wohl's dem Volke tat.*

Der Kaiser kann noch gar nicht glauben, daß Papier soviel wie Gold gelten soll:

> *Und meinen Leuten gilt's für gutes Gold?*
> *Dem Heer, dem Hofe gnügt's zu vollem Sold?*
> *So sehr mich's wundert, muß ich's gelten lassen.*

Mephisto beeilt sich gleich, die praktischen Vorzüge des Scheingeldes
herauszustreichen:

> *Man wird sich nicht mit Börs' und Beutel plagen,*
> *Ein Blättchen ist im Busen leicht zu tragen,*

*Mit Liebesbrieflein paart's bequem sich hier.*
*Der Priester trägt's andächtig im Brevier,*
*Und der Soldat, um rascher sich zu wenden,*
*Erleichtert schnell den Gürtel seiner Lenden.*
*Die Majestät verzeihe, wenn ins Kleine*
*Das hohe Werk ich zu erniedern scheine.*

Der naive Faust, ganz wohlmeinender Idealist, ist nur zu bereit, auf den Trick hereinzufallen:

*Das Übermaß der Schätze, das, erstarrt,*
*In deinen Landen tief im Boden harrt,*
*Liegt ungenutzt. Der weiteste Gedanke*
*Ist solchen Reichtums kümmerlichste Schranke;*
*Die Phantasie, in ihrem höchsten Flug,*
*Sie strengt sich an und tut sich nie genug.*
*Doch fassen Geister, würdig, tief zu schauen,*
*Zum Grenzenlosen grenzenlos Vertrauen.*

Statt Wert nur noch Wertversprechung. Ein perfekter Spiegel unseres aktuellen Problems!

So geht dann die Herrschaft auf die Geldmacher über; der Kaiser wird vom Herrscher zur bloßen Fassade degradiert. Nun herrscht das neue Schein-Geld-System. Heute nennt man den Trick, der hier angewandt wird, „Staatsanleihen". Staaten könnten nicht bankrott gehen, so heißt es, und daher sei diese Form des Schuldgeldes auch „eine besonders sichere Anlage".

*Kaiser: Das hohe Wohl verdankt euch unser Reich;*
*Wo möglich sei der Lohn dem Dienste gleich.*
*Vertraut sei euch des Reiches innrer Boden,*
*Ihr seid der Schätze würdigste Kustoden.*
*Ihr kennt den weiten, wohlverwahrten Hort,*
*Und wenn man gräbt, so sei's auf euer Wort.*

Das gemeine Volk tut das, was es heute auch tut: Konsumieren statt nachdenken:

*Page: Ich lebe lustig, heiter, guter Dinge.*
*Ein andrer: Ich schaffe gleich dem Liebchen Kett' und Ringe.*
*Kämmerer: Von nun an trink' ich doppelt beßre Flasche.*
*Ein andrer: Die Würfel jucken mich schon in der Tasche.*
*Bannerherr: Mein Schloß und Feld, ich mach' es schuldenfrei.*
*Ein andrer: Es ist ein Schatz, den leg' ich Schätzen bei.*

Irgendwie schwant dem Kaiser, daß es so auf Dauer nicht klappen kann, aber ganz Pragmatiker, arrangiert er sich (genau wie unsere heutigen Politiker) mit dem Schwindel:

*Ich hoffte Lust und Mut zu neuen Taten;*
*Doch wer euch kennt, der wird euch leicht erraten.*
*Ich merk' es wohl: bei aller Schätze Flor,*
*Wie ihr gewesen, bleibt ihr nach wie vor.*

Einzig der Narr durchschaut das Spiel. Er macht sich über die Geldschöpfung lustig und kündigt an, sie durch Umtausch in echte Sachwerte auszureizen:

*Narr: Ihr spendet Gnaden, gönnt auch mir davon!*
*Kaiser: Und lebst du wieder, du vertrinkst sie schon.*
*Narr: Die Zauberblätter! ich versteh's nicht recht.*
*Kaiser: Das glaub' ich wohl, denn du gebrauchst sie schlecht.*
*Narr: Da fallen andere; weiß nicht, was ich tu'.*
*Kaiser: Nimm sie nur hin, sie fielen dir ja zu.*
*Narr: Fünftausend Kronen wären mir zu Handen!*
*Mephistopheles: Zweibeiniger Schlauch, bist wieder auferstanden?*
*Narr: Geschieht mir oft, doch nicht so gut als jetzt.*
*Mephistopheles: Du freust dich so, daß dich's in Schweiß versetzt.*
*Narr: Da seht nur her, ist das wohl Geldes wert?*
*Mephistopheles: Du hast dafür, was Schlund und Bauch begehrt.*
*Narr: Und kaufen kann ich Acker, Haus und Vieh?*
*Mephistopheles: Versteht sich! Biete nur, das fehlt dir nie.*
*Narr: Und Schloß, mit Wald und Jagd und Fischbach?*

*Mephistopheles: Traun! Ich möchte dich gestrengen Herrn wohl schaun!*
*Narr: Heut abend wieg' ich mich im Grundbesitz! -*
*Mephistopheles: Wer zweifelt noch an unsres Narren Witz!*

aus: Johann Wolfgang von Goethe: Faust II,
1. Akt : Kaiserliche Pfalz

Jedenfalls ist es heute interessant herauszufinden, daß Goethe ein besseres Gespür für den faulen Zauber ungedeckten Geldes hatte als alle heutigen „Wirtschaftsexperten". Hierzu gibt es in Die Presse.com ein lesenswertes Interview mit dem Schweizer Ökonom Hans-Christoph Binswanger (Geld und Magie: „Gewinne in alle Ewigkeit", 11.09.2008 *http://diepresse.com/home/kultur/news/413211/Geld-und-Magie_Gewinne-in-alle-Ewigkeit*). Eingangs verweist Binswanger darauf, daß Mephisto es offenbar besser wisse als Faust, denn er benutze angesichts dieses Geldschwindels die treffende Formulierung:

*Auf Vernichtung läuft's hinaus.*

Genau das paßt auch auf unsere Zeit: Falsche Werte, falsche Vorspiegelungen werden unweigerlich wie Kartenhäuser zusammenbrechen. Wodurch dieselbe Hohlheit eines falschen Denkens offen zutage treten wird, wie sie Goethe in dieser Szene so prägnant getroffen und zusammen mit ihrer dahinterstehenden Psychologie offengelegt hat. Und unsere heutigen Medien, die es nach 200 Jahren eigentlich längst besser wissen müßten, beschämt er damit außerdem.

Im Interview kommt aber auch heraus, daß Binswanger dem faulen Zauber, genau wie praktisch alle seine Berufsgenossen, selbst erlegen ist. Er vergleicht nun nämlich das Papiergeld mit dem Vorhaben der Alchemie, künstliches Gold herzustellen, und behauptet, auch durch das heutige Papiergeld werde, aufgrund einer modernen Form von Alchemie, „aus Wertlosem Wertvolles". Sein Argument wiederholt die dominierende Meinung des Mainstreams: Dadurch, daß das Papiergeld investiert werde, werde auch die Wirtschaft stimuliert. Das Papiergeld sei wertvoll, und „es bleibe wertvoll". So funktioniere nun mal moderne Wirtschaft.

Womit wir wieder bei Geldschöpfungstrick 1 angelangt wären. Unser „Wirtschaftsexperte" versucht dem Publikum also ausgerechnet jenen mephistophelischen Winkelzug unterzujubeln, den Goethe in besagter Szene für den aktiv Mitdenken bereits auf anschauliche Weise entlarvt hat!

Ich finde dieses Vexierspiel zwischen echten und nur vorgetäuschten Werten hochinteressant. Da geht es um viel mehr als nur um ökonomische Theorie; es sagt auch etwas über jeden einzelnen Menschen und dessen Charakter aus. Und daß in unserer heutigen modernen Zeit die echten, soliden, ehrlichen Werte höher gehalten würden als zu Goethes Zeit, wird wohl kaum noch einer ernsthaft behaupten. Was Goethe beschreibt, ist gerade die Bereitschaft eines auf oberflächlichen Genuß erpichten Menschenschlags, hohlen Schein über verläßlichen Wert zu stellen und darauf eine ganze Kultur zu gründen. Die natürlich damit auch schon den Keim ihres eigenen Zerfalls in sich trägt. *Auf Vernichtung läuft's hinaus.*

## SCHULDEN ALS ZINS AUF UNGEDECKTES „GELD AUS DEM NICHTS" — UND WELCHE FOLGEN DAS HAT

Folgende exzellente Erläuterung der Hintergründe des aktuell herrschenden Falschgeldsystems habe ich als Kommentar in der Online-Version des ef-Magazins gefunden, dort eingestellt am 16.5.2010 9:15:

*Der eine sagt: „Schulden schaffen Gier." Der andere entgegnet: „Schulden führen oft zu ganz neuer Bescheidenheit." Der Gegensatz läßt sich auflösen, wenn wir zum Kern des (Debatten-)-Problems vordringen: Was verstehen wir unter dem Begriff „Schulden"?*

*Offensichtlich stellt sich jeder etwas anderes darunter vor; die meisten hitzigen Diskussionen entstehen, weil sie mit völlig untauglichen Werkzeugen geführt werden. Während sich in der Sache selbst wohl die meisten Menschen einig sein dürften, streiten sie mit Worten, die zur trefflichen Beschreibung des Sachverhalts nicht geeignet sind, weil sie durch die politische Agitation eine inhaltliche Begriffsverunreinigung erfahren haben.*

*„Wenn es keine Zinsen gibt, verleihe ich mein Geld nicht. Sie etwa?" so fragt ein Kommentator und erbringt hier den Beweis für*

oben Gesagtes. Er denkt an sein sauer erarbeitetes „Geld" – auch so ein Begriff, der eine Differenzierung nötig hätte. In der Regel verstehen wir „Geld" als rechtschaffen erarbeiteten Lohn für wertschöpferisches Tun. Wenn wir „Geld" bekommen, dann haben wir zuvor einen Mehrwert geschaffen, dessen Größenordnung in unserer Wirtschaftsordnung mit Hilfe von „Geld" beziffert wird. Jeder strebt danach, Ersparnisse zu bilden, um für Notfälle oder das Alter abgesichert zu sein. Da versteht es sich von selbst, daß man diese Ersparnisse nicht einfach blindlings an Leute weitergibt, wenn einem dabei nur das Risiko bleibt, am Ende mit leeren Händen dazustehen.

Der obige Einwurf ist daher nur natürlich und zeigt, wie wir gefühlsmäßig mit dem Begriff „Zinsen" umgehen. Dennoch erscheint vielen der „Zins" als Verwerflichkeit globaler Finanzierungsstrategien. Hier ist wieder Begriffsverwirrung am Werk. Bei den konstruktivistischen Transaktionen im Geldwesen geht es um etwas anderes, dem wir verstandesmäßig nicht beikommen, wenn wir beim Nachdenken die falschen Vokabeln verwenden. Das ist, als ob man ein Digitalgerät mit dem Schraubenzieher reparieren möchte. Oder die Lufttemperatur mit dem Zollstock messen wollten. Was ist denn überhaupt der „Zins"?

Was die Gemüter erregt, ist, daß wir den Betrug fühlen, der sich im Finanzkapitalismus manifestiert. Wir nennen es „Zins", aber im eigentlichen Sinne handelt es sich nicht um einen solchen. Was wir beklagen, ist die Erzeugung von Schuldknechtschaft mittels Enteignung. Diese geschieht verdeckt durch Schaffung von Geld aus dem Nichts (Fiat Money). Dieses Nichts wird verliehen. Und für dieses Nichts werden „Zinsen" erhoben. Man kann sagen, das alles ist ein strategisch eingesetzter Buchungstrick. Im Grunde bedürfte es nicht des Verzinsens – es genügte schon allein die Schaffung des Fiat-Geldes, um denselben Effekt zu erzeugen, aber eben ohne Turbo-Effekt. Daß auf Nichts auch noch Zinsen erhoben werden, ist vielleicht kein bewußter Trick, wurde aber als nützlich erkannt: alle Welt schimpft auf die „Zinsen" und auf die Gier der bösen Geldverleiher...

So wird vom eigentlichen Treiben abgelenkt, und alles kann bleiben, wie es ist. Unten zerfetzen und bewüten sich die Freunde und

*Gegner des „Zinses", ohne zu ahnen, daß sie einen Kampf mit Luftworten führen.*

*Noch einmal: Das große Geschäft der Banken ist nicht das Verleihen von „Geld". Genausowenig trifft die Beschreibung „Schulden" zu, wenn wir das Verhältnis zwischen „Schuldner" und „Gläubiger" beschreiben wollen! (Auch der Staat macht nicht Schulden, er verbraucht Geld und tarnt sich als Schuldner, der Zinsen zahlen muß ...) Der hierzu verwendete Begriffsapparat paßt auf unsere kleinen, eigentumsgeschützten Wirtschaftsabläufe und täglichen Handlungen. Er ist einem System zugeordnet, wo mit echtem Geld bezahlt wird. Der Begriff taugt keinesfalls zur Beschreibung des jetzigen Betrugs- und Raubsystems mit Fiat-Money.*

*Die heutige Wirtschaft basiert nicht auf Schulden, wie hier auch geäußert wurde, sondern auf dem Zwang, sich im Erwerbsleben, ob als Selbständiger oder als Lohnabhängiger, vertraglich dem Kartell der Spielgeldhersteller zu unterwerfen und die von ihm in beliebiger Menge herausgegebenen Spielmarken zu erwerben, ohne die er keinen ersten Zug machen kann. Der falsche „Zins" ist ein gewaltsam eingefordertes Eintrittsgeld zur Teilnahme am Kasinobetrieb des modernen Wirtschaftslebens. Jeder fühlt, daß diese Knebelverträge großes Unrecht sind und nicht nur Privatpersonen, sondern ganze Gesellschaften und Staaten in die Schuldsklavenschaft führen. Es ist aber völlig verfehlt, dem neutralen Begriff „Zins" dafür die Hauptschuld zu geben. Man muß es anders nennen.*

*In einer Ordnung, die den Eigentumsschutz an oberste Stelle gerückt hat, wo also mit wertebasiertem Geld gewirtschaftet wird, werden weder Schulden noch Zinsen einen Schaden anrichten — Geld hätte dann nämlich einen mit der Wirklichkeit korrespondierenden Preis, und dieser Preis würde das Handeln der Wirtschaftssubjekte in eine positive Richtung lenken; Zockerei, Gier und skrupellose Ausbeutung hätten darin wenig Chance, solche Dimensionen zu erreichen wie wir dies zur Zeit beobachten dürfen. Wer dann Kredit beanspruchen würde, würde dies als Vorschuß auf eigene Produktivität tun und nicht zum bloßen Verbrauch, denn eine Veruntreuung würde als Diebstahl geahndet und bestraft. Trotz Zinsenzahlung hätten in einem freien Vertragsverhältnis mit echtem Geld beide, Schuld-*

*ner und Gläubiger, einen wirtschaftlichen Vorteil — und zwar des-*
*halb, weil der Gläubiger durch seine Tätigkeit einen Mehrwert*
*schafft, der vorher nicht vorhanden war: am Ende sind alle reicher.*
*Zinsen sind Ausdruck für die Zeitschiene — der Faktor Zeit wird*
*beim Denken meist ausgeklammert, sehr zum Schaden des Denkmo-*
*dells. Es geht nicht ohne Eigentum und Vertragsfreiheit — beides erst*
*schafft Verantwortlichkeit, in der auch Risiken nicht auf das Kollek-*
*tiv abgewälzt werden können.*

*Eine Revision des Begriffsapparats „Schulden" und „Zinsen" wäre*
*angebracht, damit wir einander besser verstehen und nach Lösungen*
*suchen können. Wenn wir, die ahnungslosen Opfer dieser kriminellen*
*Vorgänge, damit fortfahren, einander unseren Zorn und berechtigten*
*Schmerz mittels nebulöser Wörter mitzuteilen, so werden wir auf kei-*
*nen grünen Zweig kommen. Das angebliche Zins-Schulden-Problem*
*liegt woanders, als die meisten Kritiker vermuten: es ist ein Betrugs-*
*Veruntreuungsmanöver, das sich mit Begriffen aus der Marktwirt-*
*schaft tarnt. Ergebnis ist die Aufspaltung der Menschen in Arbeits-*
*sklaven und Feierabendherren.*

## ZWEI GANZ UNTERSCHIEDLICHE ARTEN VON ZINS

Es gibt zwei unterschiedliche Arten von Zins: Zins auf gedecktes Geld und Zins auf ungedecktes Geld. Im ersten Fall handelt es sich um einen völlig berechtigten und sinnvollen Zins. Man kann diesen als Leihgebühr bezeichnen, oder auch als Mietpreis. Also ganz analog zur Miete, die ein Mieter für eine Mietwohnung zahlt. Der Vermieter erbringt eine Leistung bzw. stellt während einer bestimmten Zeit einen Wert in Form der Wohnung zur Verfügung, und keiner würde ihm (normalerweise) das Recht absprechen, während dieser Zeit eine Gebühr zu verlangen. Dies entspräche dem Zins auf gedecktes Geld: nämlich Zins für einen zur Verfügung gestellten Wert.

Nun handelt es sich aber beim Bankenzins, also dem Zins für Kredite (Verschuldung), um die zweite Art Zins. *Die Bank stellt keine Leistung zur Verfügung* (von Verwaltungskosten abgesehen). Sondern wie in den anderen Kapiteln über das Fiatgeld-System schon näher beschrieben, erzeugt sie das Geld durch Buchung des Kredits als Aktivposten (im Rahmen ihres Fractional bankings) neu, „aus dem Nichts". Es sind nun genau diese Zinsen, an denen Banken verdienen. Mit wachsenden Krediten steigen dann nicht nur die Gewinne der Bank, sondern es kommt noch der im Bankenwesen wohlweislich komplett verschwiegene Effekt des Zinseszinses hinzu. Nicht nur wird über Gebühr verdient, sondern dieser Verdienst steigt, einfach durch Zuwarten, auch noch exponentiell an (also erst allmählich, dann immer schneller und schließlich explosionsartig!).

## DER TRUGSCHLUSS VON SILVIO GESELL UND SEINEN ANHÄNGERN

Genau an diesem Punkt setzen die Anhänger der Lehre von Silvio Gesell mit ihrer Kritik an und fordern die Einführung eines Schwundgeld-Konzeptes. Aus ihrer vollauf zutreffenden Erkenntnis, daß der Zinseszins auf Kredit- bzw. Fiat-Geld eine unverdiente Bereicherung bewirkt (siehe auch Trick 3 im Kapitel *Der Falschgeldbetrug 1)*, schließen sie, man müsse diesen verbieten bzw. ein Gegenkonstrukt schaffen. Dabei vergessen sie jedoch leider den oben erklärten Unterschied zwischen Wertdeckung und ungedecktem Papier- bzw. Schein- oder auch Falschgeld. Sie wollen nun ein neues ungedecktes Falschgeld einführen und dieses mit einem eingebauten Wertverfallszwang ausstatten. Womit wir — der aufmerksame Leser wird es gemerkt haben — genau bei unserer heutigen Art Geld angelangt wären, das ja ebenfalls nach realer (nicht staatlich gefälschter) Inflation ca. 6-10% jährlich an Wert verliert.

## DIE BEDEUTUNG DER WERTDECKUNG

*Niemand besitzt ein natürliches Recht, als Geldverleiher tätig zu werden, außer demjenigen, der Geld zum Verleihen besitzt.*

Thomas Jefferson (1743-1826), dritter Präsident der USA und einer der wichtigsten in der Geschichte der Vereinigten Staaten, der lebenslang einen erbitterten Kampf gegen das Zentralbanksystem führte. Er meinte hier natürlich echtes, wertgedecktes Geld, im Gegensatz zum legalen Falschgeld, das wir heute haben.

Es geht also gar nicht nur um den Zinseszins, wie eine verkürzte, oft sehr ideologisch erstarrte Richtung immer wieder zu behaupten nicht müde wird. Von dieser Seite wird dann auch stets ein staatlich verwaltetes, ungedecktes Papiergeld gefordert, so als wären die Politiker zugleich auch die idealen Währungshüter. Sind das doch die übelsten Schuldenmacher; und ausgerechnet die könnten nun ihr eigenes Geld drucken und damit ihren Macht- und Selbstdarstellungsgelüsten erst recht ungehemmt folgen. Walter K. Eichelburg brachte es genau auf den Punkt:

*Eher wird ein Löwe freiwillig zum Vegetarier, als daß ein Politiker spart.*

Der eigentliche, sehr fundamentale Dreh- und Angelpunkt ist die Wertdeckung. An dieser Stelle sind ein paar grundsätzliche Anmerkungen fällig, die gut als Einleitung zu jeglicher Auseinandersetzung mit der Frage „*Was ist Geld überhaupt?*" passen würden:

Hat Geld mit Werten zu tun, oder hat Geld mit Wert-Vortäuschung zu tun? Nach üblichem Verständnis ist Geld der moderne Inbegriff für Werttransfer und Wertverwahrung. Alles, was irgendwie von Wert und Bedeutung ist, wird in unserer Zivilisation in Geld gemessen. Selbstverständlich weist eine derart verkürzte Perspektive starke Schwächen auf, denn die meisten wichtigen Werte (wie Liebe, Gesundheit, Lebensfreude, Dankbarkeit, Sinngefühl und Naturschönheit) sind eben nicht mit Geld zu kaufen. Aber nichtsdestotrotz hat Geld eine überragende Bedeutung, denkt man nur einmal an Geld als Gegenleistung für so gut wie jede Form von Arbeit.

Dem würde also ein voll wertgedecktes Geld entsprechen — ansonsten hätten wir es mit Betrug zu tun. Und genau das ist der Fall! Denn unser Geld ist eben nicht wertgedeckt, sondern stellt bloß eine Wert-Vortäuschung dar. Hier sind wir nun bei der entscheidenden Schwachstelle im Fundament unserer Gesellschaft und deren Werteordnung angelangt! Die meisten heutigen Werte dieser Gesellschaft sind bloß Vortäuschung von Werten, und dem entspricht ein Geld, das ebenfalls seinen Wert nur vortäuscht! Hier ist auch der eigentliche Grund für die sogenannte „Finanzkrise", die in Wahrheit eine Systemkrise dieses Wertesystems und der Gesellschaft (incl. Religion und Kultur) darstellt, zu suchen. Der eingebaute Selbstzerstörungsmechanismus des Kreditgeldes (also eines staatlich legalisierten Falschgeldes) reißt die gesamte Zivilisation, die mit diesem Geld lebt und arbeitet, mit in den

Abgrund. Und jeder, der die dauernde Vorspiegelung falscher Werte und unsolider Verhältnisse, menschlich wie materiell, satt hat, würde hier sagen: Endlich!

## DIE BEDEUTUNG DES VERSTÄNDNISSES FÜR WERTE

Die meisten Menschen vertrauen den Spezialisten des heutigen Mainstreams, denn sie meinen, was einfach zu verstehen ist, müsse falsch sein. Kommt nun einer dieser hochgestochenen Fachleute daher und überschüttet sie mit Fachausdrücken und Expertenjargon, so muß er wohl recht haben. Also überlassen sie die Sache ganz ihm — übertragen ihm also Macht und Verantwortung. Wir sehen nun in letzter Zeit deutlicher, wohin uns das führt. *„Die werden es schon wissen"*, heißt es. Was auch durchaus zutrifft: Die wissen nämlich durchaus, was ihnen selbst am besten nützt. Daß sie dabei nicht das Interesse derjenigen im Sinn haben, die aus Trägheit auf eigenes Mitdenken verzichtet haben — wer kann ihnen das ernsthaft verübeln?

1. Die meisten Menschen wollen Sachverhalte gar nicht verstehen, und deshalb ziehen sie die Kompliziertheit und Unverständlichkeit der einleuchtenden Klarheit vor. Und zwar wollen sie einfache Sachverhalte und Grundzusammenhänge deshalb nicht verstehen, weil sie die Konsequenzen scheuen, die sich aus einem schnellen, direkten und sofort einleuchtenden Verstehen für sie selbst ergäben.
2. Menschen, die selber Werte schaffen, verstehen sofort, was Werte sind; Leute hingegen, die nur denken, reden, philosophieren und kritisieren, verstehen nicht, was Werte sind, weil sie nicht imstande oder willens sind, Werte zu schaffen.
3. Die meisten intellektuellen Konzepte zu Geld und Werten haben mit Schmarotzertum zu tun: *Wie komme ich an die Werte, die andere geschaffen haben?* Der Sozialismus verbrämt diesen Wunsch als „Gerechtigkeitsstreben". Nun sind aber die meisten, die derartige Konzepte (Staatsgeld, Schwundgeld, staatliche Zentralbank, Zentralbankgeld, Steuererhöhungen, Umverteilungen, im Krisenfall auch: Enteignungen) vertreten, fast immer Intellektuelle, die selbst nicht oder nur sehr wenig produktiv arbeiten. Meistens leben sie auf Staatskosten, also auf Kosten von steuerzahlenden anderen Bürgern.

# BAILOUT: WARUM AM ENDE IMMER DER STEUERZAHLER ZAHLEN MUSS

## WAS IST EIN „BAILOUT"?

Blickt man hinter die Kulissen des Falschgeldsystems, so wird man entdecken, daß dieses am Ende auf den Bailout, nicht auf eigenverantwortlichen Konkurs der beteiligten Bankiers hinausläuft. *Bail-out:* das ist Rettung vor Bankrott durch Geld des Gesellschaftskollektivs — was nichts anderes bedeutet, als daß der unbeteiligte Bürger letztlich zur Schadenhaftung herangezogen und abkassiert wird.

Aber weshalb ist solch ein Bailout unvermeidlich? Weil die Geldkrake von vornherein so konzipiert worden ist: sie selbst bringt keine Werte hervor, sondern bewegt sich als bloßer Schmarotzer in einem leeren Raum und zieht fremde Werte zu sich heran.

Die typische Frage des naiven Durchschnittsbürgers, wie sie bei den nun immer häufiger vorkommenden Bailouts wiederholt gestellt wird, lautet:

*Warum läßt man denn die betreffenden Banken [neuere Variante: die betreffenden Staaten] nicht einfach pleite gehen? Was haben wir als Bürger, die selbst fleißig und ehrlich sind, seit Jahren hart arbeiten und solide wirtschaften, überhaupt damit zu schaffen?"*

*Antwort: „Weil dann überhaupt erst herauskäme, wer in die Schulden involviert ist."*

## BEISPIEL FRÜHJAHR 2010: GRIECHENLAND-BAILOUT

Wer hier, beim drohenden Staatsbankrott des griechischen Staates, im Hintergrund involviert ist, das sind zumeist die großen Banken gerade derjenigen Staaten, deren Bürger obige Frage mit besonderer Entrüstung stellen. Es ist ja ihr eigenes Geld — um das einmal so holzschnittartig, aber im Kern zutreffend, zu sagen —, um das es geht und das hier, in Griechenland, von den Schuldnern verbraten wurde. Denn sie haben es ja selbst, in Deutschland, Frankreich, den Niederlanden, Österreich usw., zur Bank getragen und sich dort einen lächerlich niedrigen Zins als „Gegenleistung" aufschwatzen lassen. Die Bank zieht nun mit diesem Geld genau dorthin, wo am meisten Kredite an den Mann zu bringen sind. Und zwar, wie wir gesehen haben, zum Fünfzigfachen der Einlage! Das ist ihr Job, bzw. das ist *die unmittelbare Folge des Ausgangskonzeptes, das der Geldkrake zugrundeliegt,* und wer diesen Job mit ganz trockener, unerbittlicher Professionalität verfolgt, wird dann auch entsprechend dieser Logik handeln — denn schließlich geht es da ja nicht um Samaritertum, sondern um Profit, also Eigengewinn!

## WEM NÜTZT DER BAILOUT?

Ein paar einfache Zahlen sagen mehr aus als alle umständlichen Analysen. Hier die Aktienkurse am Tag nach dem Beschluß über den sogenannten „Rettungsschirm", der — angeblich um den Griechen zu helfen — eingerichtet wurde:

Dt. Bank  +11,64%
Commerzbank  +9,52%
Infineon  +9,40%
Allianz  +8,13%
Siemens  +6,59%

## DAS MEDIENTHEATER

*Ein Mitgliedstaat haftet nicht für die Verbindlichkeiten eines anderen Mitgliedstaats.*

EU-Vertrag von Lissabon, Artikel 125 (1)

Die Griechen sollten sich nun „am Riemen reißen", „den Gürtel enger schnallen". Ja, das werden sie für den gewünschten Bailout natürlich auch sicher tun, oder nicht? Sie werden sich ändern, sie werden eine neue Mentalität annehmen, sie werden in Staat, Wirtschaft, Kultur, Steuerwesen und Bürokratie eine völlig neue Richtung einschlagen. Unter Aufsicht und

Kontrolle der EU werden sie bei sich jetzt alles umkrempeln. Sie werden so sparsam und rechtschaffen werden wie die Deutschen und genauso wirtschaften wie diese (d.h.: so wie diese, als sie noch die D-Mark hatten, und nicht so wie heute, wo sie auch viel zu viele Schulden machen). Und dann wird der Euro wieder stabil werden. Und, und, und.

Glauben Sie das wirklich? Wird das so eintreten? Natürlich nicht! Trotzdem wird genau das durch alle Medien posaunt. Denn es ist die einzige Möglichkeit, von der simplen, trockenen Realität abzulenken — daß es nämlich nur zwei Möglichkeiten gibt: Entweder man macht den Bailout (der aber illegal ist, siehe obige Vertragsbestimmung, und der natürlich auch nichts ändert, sondern nur wieder mehr Kredite in die bereits jetzt schon riesige Kredit/Falschgeld-Blase hineinpumpt, die dann als unbezahlbare Schuld wieder auf die Menschen der Länder, vorzugsweise der Gläubigerstaaten, zurückfällt), oder man überläßt Griechenland sich selbst und provoziert damit den ersten Staatsbankrott in der Eurozone, der wiederum den Euro mit sich reißen wird.

Das Moralisieren nützt hier nichts, auch nicht das Protestieren, auch keine wutentbrannten Proteste gegen „den Kapitalismus", keine Appelle an „mehr Gerechtigkeit" und keine Aufrufe zur „Enteignung der Super-Reichen" — alle diese Maßnahmen würden ja der Krake noch gar nichts anhaben können, denn sie bliebe immer noch still im Hintergrund und bräuchte nur geduldig auf die nächste Gelegenheit zu warten, um sich wieder mit fremden Werten vollzusaugen. Ob politische Linke oder Rechte, ob Kapitalismus oder Kommunismus, ob pro oder contra Umwelt, ob christlich oder mohammedanisch, westlich oder östlich — das ist ihr alles gleich. Solange das Papiergeldsystem an der Macht bleibt, wird sich gar nichts ändern.

## DIE PARTNERSCHAFT ZWISCHEN POLITIKERN UND BANKERN

Auch wenn sich Politiker, gerade in jüngster Zeit, noch so kritisch gegenüber dem Berufsstand der Banker geben — hinter den Kulissen arbeiten beide Gruppen Hand in Hand. Denn praktisch jeder heutige Politiker propagiert eine politische Linie (ob sie sich nun im Militär- und Rüstungsbereich, im Gesundheitswesen, im Sozialbereich oder Bau- und Verkehrswesen, nicht zuletzt aber auch in der Umweltpolitik ausdrückt), die *auf Kredi-*

*ten, also auf kontinuierlicher Schuldenmacherei basiert.* Diese Politiker geben Geld aus, das sie gar nicht haben und das „natürlich", wenn wir vom herrschenden Geldsystem ausgehen, auch durch nichts gedeckt ist — das es also quasi noch gar nicht gibt. Die Banken wiederum *verdienen nicht an Schuldenrückzahlung, sondern an den für die Schulden eingeforderten Zinsen, sowie an den ständig exponential wachsenen Zinseszinsen.* Das Verhältnis beider läßt sich durchaus mit dem Verhältnis von Drogendealer und Drogensüchtigem vergleichen.

Versteht man die Natur dieses Bündnisses, so erkennt man auch, weshalb es bei finanzieller Schieflage wichtiger Banken stets zum Bailout kommen wird: Dem Bürger wird seitens der Politiker erklärt, welch großer Schaden der Bürgergemeinschaft durch Zahlungsunfähigkeit der Banken entstünde. *In Wahrheit wäre mit einem Offenbarungseid der Großbanken auch die Schuldenpolitik der Politiker gefährdet.* Müßten sie am Ende gar einen Staatsbankrott zugeben, so wäre ihre eigene Existenz akut gefährdet. *Denn auch der Staat selbst ist ja durch seine Staatsanleihen, mit denen er seine ständig wachsenden Ausgaben finanziert, Schuldner der privaten Großbanken.* Und auch diese Staatsanleihen sind zuerst einmal „Geld aus dem Nichts" und komplett ungedeckt.

Fazit: Die Politiker betrügen ihre eigenen Wähler bzw. die nichtsahnenden Bürger zugunsten der Banker, und zwar deshalb, weil beide auf der Grundlage des Falschgeldsystems am selben Strang ziehen: die Banker zweigen einen immer größeren Anteil der vom Gemeinwesen erbrachten Leistungen für sich ab, und die Politiker treiben diesen Vorgang mit ihrer Schuldenmacherei energisch voran. Während der Bürger meint, es würde zu seinen Gunsten investiert und gewirtschaftet, ist er bloß das gutgläubige Schaf, das erst geschoren und schließlich geschlachtet wird. Wenn hier steht „die Politiker", so sind das tatsächlich so gut wie alle, nämlich solange sie auf der Grundlage des ungedeckten Geldes wirtschaften und planen. Ein ehrlicher Politiker (die gibt es auch, siehe Ron Paul in den USA) würde sofort das Thema aufs Tapet bringen und auf Rückabwicklung der Geldkrake sowie der damit dicht verwachsenen und verfilzten Staatskrake drängen.

Auf eine Weise bekommen Politiker auch ihr Stück vom Kuchen der Gewinne ab: Rein statistisch betrachtet nahm der Reichtum der Mitglieder des US-Kongresses während der Finanzkrise zwischen 2008 und 2009 um durchschnittlich 16% zu (Huffington Post, 17.11.2010), so daß inzwischen nahezu die Hälfte von ihnen Millionäre sind (diesen Status erreichte gerade mal ca. 1% der Gesamtbevölkerung). Die Webseite *wirtschaftsfacts.de* berichtete am 14.5.2010 unter der Schlagzeile „US-Kongreßmitglieder setzten über Leerverkäufe auf Aktiencrash":

*Einige Mitglieder des US-Kongresses setzten mit ihrem eigenen Kapital auf riskante Wetten, daß sowohl die Kurse von Aktien als auch Bonds im Zuge der Finanzkrise fallen würden, wie eine Studie des parteiunabhängigen Center for Responsive Politics jüngst offenbarte. Die Gewinnmaximierung konnte einigen Abgeordneten und Senatoren gar nicht groß genug sein, da sie teilweise auf sehr riskante Put-Optionen sowie stark über Kredit gehebelte und auf Leerverkäufe spezialisierte ETFs zurückgriffen, damit die Zockerprofitkasse am Ende eines jeden Tages auch stimmte.*

## KEIN UNTERSCHIED ZWISCHEN POLITISCHER LINKEN UND RECHTEN

Wichtig ist nun, zu verstehen, weshalb es zwischen rechtem und linkem politischem Lager keinerlei wesentlichen Unterschied bezüglich dieser Rolle der Banken gibt. Zwar wird auf der linken Seite gerne über den Geldadel und dessen „unsoziales" Gebaren geschimpft, und Ungleichheit, exzessive Bereicherung und elitäres Gehabe der Milliardäre werden immer wieder gerne mit großem Elan angeprangert. Aber hinsichtlich der Schuldenmacherei sollte sich niemand von den Linken ein solideres Wirtschaften versprechen — früher oder später kann er sich nur über noch hemmungslosere Kreditaufnahmen wundern. Keynes, der Vordenker dieser auch von Gewerkschaften gerne als Heilmittel angeführten Richtung, läßt grüßen. Man nennt es gerne „Konjunkturprogramm" und verspricht dem Volk mehr Fürsorglichkeit der Staatsglucke, mehr „Gerechtigkeit" und natürlich auch wieder „mehr Wachstum" — alles durch eine hemmungslose Verschuldung, wie sie der neue US-Präsident Obama wenige Tage nach Amtsantritt seinem Volk in einer absurden Mogelpackung präsentierte.

Etliche Linke und Intellektuelle (auch aus dem Lager der Silvio-Gesell-Anhänger) fordern als der Weisheit letztem Schluß sogar die komplette Verstaatlichung des Bankwesens. Womit dann die Falschgelderzeugung jeglicher Kontrolle entzogen wäre. Staatswirtschaft und staatliches Geldwesen sind nun gerade das, was den Faschismus ausmacht (ich bezeichne hier beide Spielarten des Totalitarismus mit diesem Begriff: Kommunismus/Sozialismus auf der einen Seite wie Rechts-Faschismus, also z.B. Nationalsozialismus oder italienischen Faschismus auf der anderen Seite). *Die faschistische Diktatur ist die ultimative Konsequenz des Falschgeldsystems und seiner Bailout-Strategie:* denn irgendwoher muß ja schließlich die Deckung für all die aus dem Nichts erzeugten Papiergeldmengen herkommen. Gerade die in der Staatswirtschaft vertretenen Politiker werden wieder das „Gießkannenprinzip" anwenden, werden erst Versprechungen, dann Schulden zu deren Finanzierung machen und werden schließlich da etwas zu holen versuchen, wo noch etwas zu holen ist. Die Beachtung von hehren, wohlklingenden Prinzipien wie „Gerechtigkeit" und „Solidarität" läßt sich hier nicht erwarten, wenn bereits der erste Schritt Betrug und Eigennutz war.

Die Superreichen werden durch Steuererhöhungen und/oder Enteignungen, wie sie im letzten Stadium der Staatspleite beschlossen werden, gar nicht getroffen, haben sie doch ihr Geld längst an sicheren Plätzen und völlig anonym untergebracht. Ausgezehrt werden dann die restlichen noch übriggebliebenen ehrlichen Leistungsträger, ausgezehrt wird am bitteren Ende aber jeder Bürger. Denn die Krake ist zu einem unersättlichen Monster herangewachsen.

## Das Primat des Geldsystems

Die Nötigung zum Bailout dokumentiert sehr deutlich das Primat, das das Geldsystem in der Wirtschaftspolitik inne hat. Politiker erwecken gerne vor der Öffentlichkeit den Eindruck, sie wären es, die über Wirtschafts- und Finanzpolitik des Staates entscheiden könnten. Auch die Massenmedien suggerieren dieses Bild. Aber es wird immer nur berichtet, was sich in der Öffentlichkeit abspielt, nicht, was im Hinterzimmer passiert. Wer einmal den Film „Casino" von Martin Scorsese gesehen hat, wird sich an die Szene erinnern, bei der das gesamte in der Spielbank eingenommene Geld durch einen bestimmten Raum geht, wo Stapel von Geld lagern und hin und her verschoben werden. Der Beauftragte der Mafia, die letztlich — aber eben völlig insgeheim — Inhaberin des Casinos ist, nimmt dort einfach die für seine Chefs bestimmten Geldstapel heraus, und keiner hindert ihn daran. Mit dieser Aktion befinden wir uns am Dreh- und Angelpunkt der ganzen Einrichtung: Es geht ausschließlich um Profit und Umverteilung für diejenigen, die das System im verborgenen kontrollieren und steuern — die sich das ganze Konstrukt ausgedacht haben.

In der realen Welt vollzieht sich der Betrug noch um einiges perfekter, braucht sich doch nicht einmal jemand die Mühe zu machen, auf umständlichem Weg Geldstapel zu transportieren. Sondern mittels der drei hier bereits enthüllten Tricks fließt das Vermögen automatisch zu den Drahtziehern des Schwindels. Die außerdem noch von jeglicher Strafverfolgung verschont bleiben. In unserem aktuellen Geldsystem, und damit auch in unserem Wirtschafts- und Finanzsystem, sind das die Großfinanziers. Von ihnen bekommt die Öffentlichkeit gar nichts mit. Stattdessen hampeln im Vordergrund bloß wichtigtuerische und eitle Politiker herum und verkünden „Entscheidungen". Keiner dieser Politiker könnte aber jemals eine Richtung einschlagen, die dem Casino und seinen Inhabern, also dem Geldsystem und seinen Urhebern, zuwiderliefe. Daher auch die unausgesprochene Nötigung, den Bailout von Großbanken oder sogar von Staaten vollständig auf Kosten derjenigen auszutragen, die sie eigentlich als ihre Interessenvertreter gewählt haben. Wenn also US-Präsident Obama lauthals proklamiert, er wolle die Großbanken kontrollieren und ihnen neue Bedingungen diktieren, so ist das ziemlich genauso lächerlich, wie wenn der Passagier eines Kreuzfahrtschiffes behaupten würde, er könne durch Blasen von Luft die Fahrtrichtung des Dampfers beeinflussen.

Noch einmal: Staatsfinanzen und Banken gehen Hand in Hand, und wer letztlich die Fäden zieht, das sind unsichtbare Großbankiers im Hintergrund, die damit inzwischen die gesamte Weltwirtschaft und damit auch ganze Staaten im Griff haben. *Die einzige echte Alternative ist eine offene, nicht von oben gesteuerte Marktwirtschaft,* die ihre eigenen Kräfte frei und ohne Deckelung entfalten kann und sich dann in freier Konkurrenz zu bewähren hat. Hierzu gehört *ein echtes, wertgedecktes Geld,* bei dem keine Schuldenblasen erzeugt werden können — ein Geld, bei dem keine unsichtbare Umverteilung in finstere Kanäle möglich ist und bei dem nicht nachträglich Unschuldige zu Opfern gestempelt werden, die für einen Schaden bluten müssen, den andere angerichtet haben, während sich diese anderen gleichzeitig eines unverdienten Mega-Reichtums erfreuen.

Die aktuell herrschenden Kreise werden natürlich alles daran setzen, daß keine Veränderung des Geldsystems zustandekommt, denn was hier abläuft, ist ihr schmutziges Geheimnis. Umso mehr tut Aufklärung über die wirklichen Zusammenhänge not, und wer jetzt schon versteht, was gespielt wird, kann sich frühzeitig darauf einrichten. Die große Masse jedoch wird es nie verstehen. Und zu dieser ernüchternden Wahrheit gehört leider auch: daß es die Masse gar nicht interessiert, ob sie es versteht oder nicht.

## DAS „TOO BIG TO FAIL" IST EIN GESCHÄFTSMODELL

Manche glauben's eher, wenn es ihnen ein Wissenschaftler sagt. Für alle diejenigen daher folgende Passage aus einem Interview mit dem Wiener Wirtschaftwissenschafter Franz Hörmann vom 13. Okt. 2010: „Banken erfinden Geld aus Luft" *(www.derStandard.at):*

*Hörmann: Die europäischen Länder haben nicht unbedingt die Griechen gerettet, sondern ihre eigenen, in erster Linie die deutschen Banken, die hier absurde Kredite vergeben haben. Die Zusammenhänge sind auch völlig absurd, wenn man sich Folgendes überlegt: Der Staat verschuldet sich bei den Banken, um die Zinsen der Schulden, die er bei den Banken hat, zu begleichen oder um die Banken zu retten, bei denen er selber Schulden hat. Da versteht ja keiner mehr, wer eigentlich bei wem Schulden hat und was Schulden eigentlich sind.*

*derStandard.at: Die Systemrelevanz von Banken und das „too big to fail"-Argument und die Bankenrettungspakete sind für Sie also reines Eigeninteresse?*

*Hörmann: Das „Too big to fail" ist ja ein Geschäftsmodell. Es gibt erwiesenermaßen die gezielte Absicht, Banken durch Übernahmen immer größer zu machen, damit sie „too big to fail" werden. Die Verknüpfungen zwischen Finanzwirtschaft und Politik sind enorm. Eigentlich kann man Regierungen, die aus aktiven oder früheren Mitarbeitern des Finanzsystems bestehen, gar nicht ernst nehmen.*

Der Bailout, also die Rettung zahlungsunfähiger Banken durch den Staat (und somit der Verlagerung von echten Werten, die die Bürger real geschaffen haben, hin zur Geldkrake), ist kein Not- oder Sonderfall, sondern der eigentliche Sinn und Zweck des gesamten Konzepts. Man spielt der Öffentlichkeit bloß das falsche Schauspiel vor und weint dabei große Krokodilstränen der Reue und Verzweiflung. Nochmal zu den Gründen: Das eine „Rumpelstilzchen", das zerplatzt, reißt die anderen, die denselben Trick zu verheimlichen suchen, mit sich — es käme zu einer Kettenreaktion der Offenbarung von Tatsachen. Also genau so, wie es sich in einem richtig funktionierenden Markt stets mit Schuldnern verhielte. Was schwach und nicht lebensfähig, nicht profitabel genug ist, wird vom (funktionierenden) Markt abgestoßen und ausgesondert. Aber genau dieser Markt, der heute noch von Unwissenden „kapitalistisch" genannt wird, ist weder kapitalistisch noch liberalistisch oder frei, ja, er ist nicht einmal ein echter Markt. Er ist eine Oligarchie, eine verfilzte, tyrannische Ausbeuterherrschaft, die sich gegen äußere Einflußnahme mit geradezu neurotischer Konsequenz abschottet.

Die Bailouts haben allein den Zweck, die Krake zu retten — und zwar mit dem äußerst perfiden Argument, wenn sie sterbe, werde auch ihr Wirt, die Gemeinschaft der einfachen Staatsbürger, untergehen. So hält sich die Lüge am Leben: Sie zu gefährden heißt angeblich, den zu gefährden, der durch sie übervorteilt wird. Die künstlich aufgepumpte Blase der Täuschung darf nicht mehr platzen, denn sonst kämen ja noch die vielen anderen Täuschungen und weiteren damit zusammenhängenden Blasen aus Täuschungen in Gefahr — ja, was würde denn dann aus der Lügengesellschaft, der Lügenkultur und dem Lügenstaat mit seinen Lügenpolitikern?

Inzwischen geht das Beispiel Griechenland im Euro-Raum reihum: Ende 2010 ist es Irland, und als nächstes kommt wahrscheinlich Portugal. Wenn es dann um Spanien geht, könnte es kritisch werden: denn nicht jeder Dominostein läßt sich durch die dahinterstehenden stoppen. Schließlich befinden sich mittlerweile alle Staaten der Eurozone in einer verzweifelten, sich immer weiter verschlimmernden Schuldenspirale. Aus dem zuvor über das Geldsystem Gesagten sollte sich der Leser jetzt auch selbst zusammenreimen können, worauf diese Logik am Ende hinausläuft. Denn er müßte nun mehr sehen und verstehen, als was in den Tages- und Wirtschaftsnachrichten an Vernebelungen bekanntgegeben wird.

— Drängt Deutsche-Bank-Chefvolkswirt Mayer dramatisch auf deutsche Hilfsleistungen an Griechenland, weil die Deutsche Bank drinhängt?, Jahnke, 3.2.2010 *http://www.jjahnke.net/rundbr67.html#gri*

— Europäische Verträge verbieten einen „Bail Out", Joachim Jahn, FAZ, 10.2.2010 *http://www.faz.net/s/Rub3ADB8A210E754E748F42960CC7349BDF/Doc~E06A3051636 394CFDB91C276CE100A497~ATpl~Ecommon~Scontent.html*

*Die EU darf Griechenland nicht aus seiner Finanzmisere befreien – und auch die Mitglieds-länder dürfen dies nicht. Das sagte der Europarechtler Matthias Ruffert aus Jena am Mitt-woch der F.A.Z. Denn dies wäre ein klarer Bruch des Vertrags über die Arbeitsweise der Europäischen Union (AEUV), wie das Abkommen seit dem „Lissabon-Vertrag" heißt. Der AEUV beinhalte in Artikel 125 eine „No Bail Out"-Klausel gegen ein Herauskaufen strau-chelnder Länder, erläutert Ruffert. Demnach ist ein EU-Staat nicht nur nicht verpflichtet, einem anderen unter die Arme zu greifen – er darf es nicht einmal. Und dies gelte gleichfalls für die Europäische Kommission.*

— Wie die Dummheit der Anleger den Staat nun in den Bankrott treibt! Gerhard Kastner, 8.3.2010 *http://www.das-bewegt-die-welt.de/index.php/must-read/1636-wie-die-dummheit-der-anleger-den-staat-nun-in-den-bankrott-treibt?showall=1*

— Der europäische Verzweiflungsfond, Peter Ziemann, 11.3.2010 *http://www.bullionaer.de/shop/showZiemann.php/file/20100310Der_europaeische_Verzweife-lungsfond.htm/file/20100310Der_europaeische_Verzweifelungsfond.htm*

— Dead men walking, Peter Ziemann, 12.3.2010 *http://www.bullionaer.de/shop/showZie-mann.php/file/20100312Dead_men_walking.htm/file/20100312Dead_men_walking.htm*

— Deutsche Bank will an Griechenland-Krise verdienen, Goldreporter, Kommentar zur TV-Sendung Beckmann: „Griechenland in Not. Ist der Euro noch zu retten?", 13.3.2010 *http://www.goldreporter.de/deutsche-bank-will-an-griechenland-krise-verdienen-video/banken/1803/*

— Gerald Celente on the Greek Debt Crisis interview with Helen Skopis of Athens, Gre-ece, YouTube, 9.3.2010 *http://www.youtube.com/watch?v=dHfdrYiljKM*

— Deutsche-Bank-Chef Josef Ackermann: „Griechenland muß aufgefangen werden", Han-delsblatt, 17.3.2010 *http://www.handelsblatt.com/unternehmen/banken-versicherungen/josef-ackermann-griechenland-muss-aufgefangen-werden;2547818*

— Der Inflationskurs ist festgelegt, krisenvorsorge.com, Gerhard Spannbauer, 19.3.2010 *http://krisenvorsorge.com/modules/news/article.php?storyid=620*

— La Bomba: Wie Spanien den Euro in den Abgrund reißt und die zweite Welle der Finanzkrise auslöst, www.propagandafront.de, 19.3.2010 *http://www.propagandafront.de/117190/la-bomba-wie-spanien-den-euro-in-den-abgrund-reist-und-die-zweite-welle-der-finanzkrise-auslost.html*

— Euroraum droht Dammbruch, deutsche-handwerks-zeitung.de, 26.3.2010, erschienen nach der deutschen Bailout-Zusage *http://www.deutsche-handwerks-zeitung.de/news/News-Euroraum-droht-Dammbruch_4754419.html*

— Merkels Umfaller, RR Blog, 26.3.2010 *http://radio-reschke.tumblr.com/post/474553406/merkels-umfaller*

— Merkels Umfaller 2, RR Blog, 26.3.2010 *http://radio-reschke.tumblr.com/post/474842953/merkels-umfaller-2*

— Merkel sagt Griechenland Milliarden-Hilfe zu, welt-online, 26.4.2010 *http://www.welt.de/politik/deutschland/article7345430/Merkel-sagt-Griechenland-Milliarden-Hilfe-zu.html*

— Rettungsschirm für Europa: Deutschland + Frankreich bürgen, 9.5.2010 *http://www.youtube.com/watch?v=0ml2PcW80aA*

— No-Bailout-Klausel: Wen interessiert das Geschwätz von gestern, infokriegernews.de 25.10.2010 *http://www.infokriegernews.de/wordpress/2010/10/25/no-bailout-klausel-wen-interessiert-das-geschwaetz-von-gestern/*

*Die Veränderung der EU zu einer Transferunion ist nunmehr offensichtlich, und der Lack bröckelt an allen Ecken und Enden ab. Zusammengehalten mit Schnüren und Pflastern versucht man das Relikt vergangener Zeiten irgendwie am Leben zu erhalten, egal um welchen Preis. Der jetzt geplante Tabubruch allerdings stellt alles bisher Dagewesene in den Schatten, die Änderung des Artikels 125, die so genannte No-Bailout-Klausel.*

— EU wird zur Inflations- und Transferunion — Klage in Karlsruhe gegen Griechenland-Bail-Out, 23.4.2010 *http://www.bankingportal24.de/finanzredaktion/558/klage-in-karlsruhe-gegen-griechenland-bail-out/*

— EU-Stabilitätspakt: Der letzte Damm könnte brechen, FAZ, Werner Mussler, 25.10.2010 *http://www.faz.net/s/RubEC1ACFE1EE274C81BCD3621EF555C83C/Doc~E431405F25 1934AE18442F377E52B50AE~ATpl~Ecommon~Scontent.html*

*Der Eindruck ist desaströs: Jetzt kippt die Bundesregierung das „Bailout-Verbot" der Europäischen Verträge auch noch offiziell. De facto wurde diese Regel, die eine Haftung anderer EU-Länder für die Schulden eines Mitgliedstaats verbietet, durch die Hilfskredite an Griechenland und den Euro-Rettungsschirm schon im Mai gegenstandslos gemacht. Jetzt bricht die Bundesregierung das letzte Tabu, indem sie das Bailout-Verbot auch juristisch zur Disposition stellt. Der letzte Damm wird aufgegeben.*

— Die No-Bail-Out Klausel kippt auch formal: Schuldengemeinschaft EU entsteht 28.10.2010 *http://cdu-politik.de/2010/10/28/die-no-bail-out-klausel-kippt-auch-formal-schuldengemeinschaft-eu-entsteht/*

— Wollt ihr den totalen Rettungsschirm? Michael Mross, 25.10.2010 *http://www.mmnews.de/index.php/wirtschaft/6850-wollt-ihr-den-totalen-rettungsschirm*

*Die Situation erinnert fatal an einen großen deutschen Propagandisten, der diese Woche einem Mainstream-Zirkular als Titel dient. Am 18. Februar 1943 forderte Joseph Goebbels den „Totalen Krieg". Nach dem katastrophalen Untergang der 6. Armee unter General Paulus bei Stalingrad bereitete Goebbels mit seinem berüchtigten Auftritt im Berliner Sportpalast die deutsche Bevölkerung auf den selbst zerstörerischen Kampf bis zum bitteren Ende vor: „Ich frage euch: Wollt ihr den totalen Krieg?"*

*Ein Krieg, der schon zu diesem Zeitpunkt nicht mehr zu gewinnen war. Anstatt zu kapitulieren wurde unendliches Leid geschaffen – am Ende umsonst, vergebens.*

*Genauso wird den Leuten heute von Politikern und Wirtschaftswissenschaftlern eingehämmert, dass ein „Rettungsschirm" funktioniert. Das tut er natürlich nicht! Er vergrößert nur das Leiden danach, nämlich dann, wenn klar ist, dass dieser Krieg niemals zu gewinnen ist.*

— Congressional insiders cash in, Youtube (RT news), 27.10.2010
  *http://www.youtube.com/watch?v=4MpTOKmzjyE*

# FINANZSYSTEM: ZITATE

*Von allen Erfindungen, die ersonnen wurden, um die arbeitenden Menschen zu betrügen, war keine wirkungsvoller als das Papiergeld.*

Daniel Webster (1782-1852)

*Papiergeld kehrt früher oder später zu seinem inneren Wert zurück: Null!*

Voltaire (1694-1778)

*An sich ist Papiergeld in Ordnung, vorausgesetzt unsere Obrigkeit ist perfekt und die Könige verfügen über eine göttliche Intelligenz.*

Aristoteles

*Der Verfall seiner Währung ist wohl das größte Unglück, das ein Volk treffen kann. Selbst ein verlorener Krieg bringt ihm nicht so einen schweren Schaden wie der Ruin des Geldwesens.*

Argentarius, „Vom Gelde"

*Staatsverschuldung ist einfach ein Mechanismus für die 'versteckte' Enteignung von Vermögen. Gold verhindert diesen heimtückischen Prozeß. Es beschützt Eigentumsrechte.*

Alan Greenspan

*Wenn die Regierung das Geld verschlechtert, um alle Gläubiger zu betrügen, so gibt man diesem Verfahren den höflichen Namen Inflation.*

George Bernard Shaw

*Der Zinseszinseffekt ist das achte Weltwunder.*

Mayer Amschel Rothschild

*Jeder, der glaubt, exponentielles Wachstum geht in einer begrenzten Welt immer weiter, ist entweder ein Verrückter oder ein Ökonom.*

Kenneth Boulding

*Man muß das Wahre immer wiederholen, weil auch der Irrtum um uns her immer wieder gepredigt wird, und zwar nicht von einzelnen, sondern von der Masse, in Zeitungen und Enzyklopädien, auf Schulen und Universitäten.*

*Überall ist der Irrtum obenauf, und es ist ihm wohl und behaglich im Gefühl der Majorität, die auf seiner Seite ist.*

Johann Wolfgang von Goethe

*Es gibt kein Verbrechen, keinen Kniff, keinen Trick, keinen Schwindel, kein Laster, das nicht von Geheimhaltung lebt. Bringt diese Heimlichkeiten ans Tageslicht, beschreibt sie, macht sie vor aller Augen lächerlich, und früher oder später wird die öffentliche Meinung sie hinwegfegen. Bekanntmachung allein genügt vielleicht nicht; aber es ist das einzige Mittel, ohne das alle anderen versagen.*

Josef Pulitzer

*Gib mir die Kontrolle über die Währung einer Nation, dann ist es für mich gleichgültig, wer die Gesetze macht.*

Mayer Amschel Rothschild, Begründer der Bankendynastie Rothschild

*Mir ist egal, welche Marionette auf dem englischen Thron sitzt und das britische Weltreich regiert. Ich kontrolliere die Geldmenge. Und wer die britische Geldmenge kontrolliert, kontrolliert auch das britische Empire.*

Nathan Mayer Rothschild

*Die wenigen, die das System verstehen, werden so sehr an seinen Profiten interessiert oder so abhängig sein von der Gunst des Systems, daß aus deren Reihen nie eine Opposition hervorgehen wird. Die große Masse der Leute aber, mental unfähig zu begreifen, wird seine Last ohne Murren tragen, vielleicht sogar ohne zu mutmaßen, daß das System ihren Interessen feindlich ist.*

Gebrüder Rothschild, 1863

*The bank hath benefit of interest of all monies which it creates out of nothing.*

William Patterson, Gründungsmitglied der Bank of England als einer privaten Bank, 1694

*The banks can, and do, create money; and they who control the credit of the nation, direct the policy of governments, and hold in the hollow of their hands, the destiny of the people.*

Reginald McKenna, British Chancellor of the Exchequer

*Wer auch immer die Geldmenge in unserem Land kontrolliert, ist der uneingeschränkte Herrscher über den gesamten Handel und die Industrie ...*
*Und sobald man begreift, daß das ganze System sehr einfach gesteuert werden kann, so oder so, durch einige wenige an seiner Spitze, braucht einem nicht mehr erklärt werden, woher Zyklen der Inflation und Rezession kommen.*

US-Präsident James A. Garfield, 1881, zwei Wochen bevor er
erschossen wurde

*Nur die Lüge braucht die Stütze der Staatsgewalt; die Wahrheit steht von alleine aufrecht.*

Benjamin Franklin

*The control of money and credit strikes at the very heart of national sovereignty.*

A.W. Clausen, Präsident der Bank of America,
Präsident der Weltbank

*Die letzte Pflicht eines Zentralbankers ist es, der Öffentlichkeit die Wahrheit zu sagen.*

Alan Blinder, US-amerikanischer Ökonom und ehemaliger Vizepräsident der amerikanischen Zentralbank

*Das Kreditsystem, das seinen Mittelpunkt hat in den angeblichen Nationalbanken und den großen Geldverleihern und Wucherern um sie herum, ist eine enorme Zentralisation und gibt dieser Parasitenklasse eine fabelhafte Macht, nicht nur die industriellen Kapitalisten periodisch zu dezimieren, sondern auf die gefährlichste Weise in die wirkliche Produktion einzugreifen - und diese Bande weiß nichts von der Produktion und hat nichts mit ihr zu tun.*

Karl Marx

*Banking was conceived in iniquity and was born in sin. The bankers own the earth. Take it away from them, but leave them the power to create money, and with the flick of the pen they will create enough deposits to buy it back again. However, take it away from them, and all the great fortunes like mine will disappear and they ought to disappear, for this would be a happier and better world to live in. But, if you wish to remain the slaves of bankers and pay the cost of your own slavery, let them continue to create money.*

Josiah Stamp, Direktor der Bank of England

*Es ist absurd zu sagen, daß unser Land zwar 30 Mio. $ als Anleihen herausgegeben hat, aber nicht 30 Mio. als Währung. Beides sind Zahlungsversprechen, aber die eine Option mästet den Wucherer und die andere hilft dem Volk. Wenn die Währung, die von der Regierung herausgegeben wird, wertlos wäre, wären es die Anleihen ebenso.*

Thomas A. Edison

*If this mischievous financial policy, which has its origin in North America, shall become endurated down to a fixture, then that Government will furnish its own money without cost. It will pay off debts and be without debt. It will have all the money necessary to carry on its commerce. It will become prosperous without precedent in the history of the world. The brains, and wealth of all countries will go to North America. That country must be destroyed or it will destroy every monarchy on the globe.*

Times of London, Ende des 18. Jhdts. über die USA

*The refusal of George III to allow the colonies to operate an honest money system which freed the ordinary man from the clutches of the money manipulators was probably the prime cause for the revolution.*

Benjamin Franklin

*Das Recht, Münzen zu prägen und ihren Wert zu bestimmen, liegt beim Kongreß.*

Verfassung der USA, 1787 in Philadelphia unterzeichnet,<br>Artikel 1, Abschnitt 8, Paragraph 5

*Lehrt diese frechen Amerikaner eine Lektion. Versetzt sie zurück in den kolonialen Status.*

Nathan Mayer Rothschild, 1811

*Either the application for the renewal of the charter is granted, or the United States will find itself involved in a most disastrous war.*

Nathan Rothschild, der den USA mit Krieg droht,
um die Institution einer privaten Zentralbank zu erhalten

*Banking establishments are more dangerous than standing armies.*

Thomas Jefferson

*More than 8,000,000 of the stock of the bank is held by foreigners who are more dangerous than the military power of an enemy.*

Andrew Jackson about the Second Bank of the United States

*You are a den of thieves vipers, and I intend to rout you out, and by the Eternal God, I will rout you out.*

Andrew Jackson über die Rothschilds

*Es gibt Menschen, die sich hinter den Kulissen des Weltgeschehens bewegen, und deshalb gibt es zwei Arten der Geschichtsschreibung: erstens die offizielle, gefälschte „ad usum Delphini" (zum Gebrauch des Orakels von Delphi) und zweitens die geheime, in der die wirklichen Ursachen der geschichtlichen Ereignisse verzeichnet sind — einer schändlichen Geschichte.*

Honoré de Balzac

*If Congress has a right under the Constitution to issue paper money, it was given them to use by themselves, not to be delegated to individuals or corporations.*

Andrew Jackson

*Jackson and No Bank*

Wahlslogan von Andrew Jackson für seine Präsidentenkampagne

*Ich habe zwei große Feinde: Die Südarmee vor mir und die Finanzwelt hinter mir. Von diesen beiden Feinden ist der letztere der schlimmere.*

Abraham Lincoln

*Ich sehe in naher Zukunft eine Krise heraufziehen. In Friedenszeiten schlägt die Geld-*
*macht Beute aus der Nation, und in Zeiten der Feindseligkeiten konspiriert sie gegen sie.*
*Sie ist despotischer als eine Monarchie, unverschämter als eine Autokratie, selbstsüchti-*
*ger als eine Bürokratie. Sie verleumdet alle jene als Volksfeinde, die ihre Methoden in*
*Frage stellen und Licht auf ihre Verbrechen werfen. Eine Zeit der Korruption an höch-*
*sten Stellen wird folgen, und die Geldmacht des Landes wird danach streben, ihre Herr-*
*schaft zu verlängern, bis der Reichtum in den Händen von Wenigen angehäuft und die*
*Republik vernichtet ist.*

Abraham Lincoln, 16. Präsident der USA; wurde 1865 ermordet

*Der Tod von Lincoln ist ein Unglück für das Christentum. Es gibt keinen Mann in*
*den Vereinigten Staaten, der in seine Schuhe paßt. Ich fürchte, daß ausländische Ban-*
*kiers mit ihrer List und ihren verwundenen Tricks volle Kontrolle über den üppigen*
*Reichtum von Amerika erlangen werden und ihn systematisch dazu verwenden werden,*
*die moderne Zivilisation zu verderben. Sie werden nicht zögern, das gesamte Christen-*
*tum in Kriege und Chaos zu stürzen, um die Welt zu ihrem Erbe zu machen.*

Otto von Bismarck

*My friends, our objective now is to get our bill passed. We can 'fix it up' later.*

Paul Warburg, der seinen Bankierskollegen erläutert, wie man am
besten versteckte Absichten in den Text des Federal Reserve Act ein-
schmuggeln kann

*I am a most unhappy man. I have unwittingly ruined my country. A great industrial*
*nation is controlled by its system of credit. Our system of credit is concentrated. The gro-*
*wth of the nation, therefore, and all our activities are in the hands of a few men. We have*
*come to be one of the worst ruled, one of the most completely controlled and dominated*
*Governments in the civilized world no longer a Government by free opinion, no longer*
*a Government by conviction and the vote of the majority, but a Government by the opi-*
*nion and duress of a small group of dominant men.*

Präsident Woodrow Wilson, 1919, nachdem er dazu überlistet
worden war, den Federal Reserve Act zu unterzeichnen

*Under the Federal Reserve Act, panics are scientifically created. The present one is the*
*first scientifically created one. Worked out as we figure a mathematical equation.*

Charles A. Lindbergh sr., Kongreßabgeordneter
und Vater des berühmten Atlantikfliegers

*This Act establishes the most gigantic trust on earth. When the President (Wilson) signs this bill, the invisible government of the Monetary Power will be legalized... The worst legislative crime of the ages is perpetrated by this banking and currency bill.*

Charles A. Lindbergh sr.

*The sack of the United States by the Fed is the greatest crime in history.*

McFadden, Mitglied des US-Repräsentantenhauses

*A world banking system was being setup here... a superstate controlled by international bankers... acting together to enslave the world for their own pleasure. The Fed has usurped the government.*

Louis McFadden

*It was a carefully contrived occurence. International bankers sought to bring about a condition of despair, so that they might emerge the rulers of us all.*

Louis McFadden, Mitglied des US-Repräsentantenhauses, 1932;
starb 1936 nach mehreren Attentatsversuchen an einer Vergiftung

*The dirty little secret is that both houses of Congress are irrelevant. ... America's domestic policy is now being run by Alan Greenspan and the Federal Reserve, and America's foreign policy is now being run by the International Monetary Fund [IMF]. ...when the president decides to go to war, he no longer needs a declaration of war from Congress.*

Robert Reich, Mitglied der Clinton-Regierung

*Vor 50 Jahren betrugen die Arbeitseinkommen 96 Prozent und die Kapitaleinkommen 4 Prozent des Bruttosozialprodukts; heute betragen die Arbeitseinkommen 60 Prozent und die Kapitaleinkommen 40 Prozent. Ein Arbeiter bei Henry Ford konnte sich mit drei Monatslöhnen ein Auto kaufen; das gibt es heute nicht mehr. Relativ hat sich die Situation der Arbeitnehmer kontinuierlich verschlechtert. Die Hälfte unserer Einkommen zahlen wir direkt oder indirekt für Zinsen; Zinskosten für Fremdkapital sind in die Preise aller Dinge, die wir kaufen, einkalkuliert, und der Schuldendienst unserer Staaten und Gemeinden ist zum größten Ausgabenposten ihrer Budgets geworden. Das bedeutet: Wenn Sie persönlich weniger als 50 Prozent Ihres Einkommens aus Zinsen erzielen, gehören Sie zu den Verlierern des Systems; auf der Gewinnerseite sind Sie nur dann, wenn Ihr Zinsaufkommen Ihr Arbeitsaufkommen übersteigt.*

Wolfgang Berger, Banker, Unternehmensberater, Nov. 2000

*Eine Regierung muß sparsam sein, weil das Geld, das sie erhält, aus dem Blut und Schweiß ihres Volkes stammt. Es ist gerecht, daß jeder einzelne dazu beiträgt, die Ausgaben des Staates tragen zu helfen. Aber es ist nicht gerecht, daß er die Hälfte seines jährlichen Einkommens mit dem Staate teilen muß.*

König Friedrich II von Preußen

*Papiergeld ist eine Hypothek auf den Wohlstand, der gar nicht existiert, gedeckt durch Pistolen, welche auf die gerichtet sind, die den Wohlstand erarbeiten müssen. Da wir nur mit echtem Geld zu tun haben wollen, beteiligen wir uns nicht an irgendwelchen Betrugssystemen der Zentralbanken.*

Selbstdarstellung der freien Bank der Lakota-Indianer, 2008

*Würden die Menschen verstehen, wie unser Bank- und Geldsystem funktioniert, hätten wir eine Revolution — und zwar schon vor morgen früh.*

Henry Ford

*Bankraub ist eine Initiative von Dilettanten. Wahre Profis gründen eine Bank.*

Bertolt Brecht

*Es gibt keine subtilere und auch keine sicherere Methode, einer Gesellschaft ihre Grundlagen zu entziehen, als die Zerstörung ihrer Währung. ... und kaum einer unter einer Million versteht das wirklich.*

John Maynard Keynes

*Es gibt keinen Weg, den finalen Kollaps eines Booms durch Kreditexpansion zu vermeiden. Die Frage ist nur, ob die Krise früher durch freiwillige Aufgabe der Kreditexpansion kommen soll oder später zusammen mit einer finalen und totalen Katastrophe des Währungssystems.*

Ludwig von Mises

*The problem with socialism is that, sooner or later, you run out of other people's money.*

Margaret Thatcher

*Der einzige Weg, um das Verhalten der Politiker zu ändern, ist, ihnen das Geld wegzunehmen.*

Milton Friedman

*Alles, was Sozialisten von Geld verstehen, ist die Tatsache, daß sie es von anderen haben wollen.*

Konrad Adenauer

*Nie haben die Massen nach Wahrheit gedürstet, von den Tatsachen, die ihnen mißfallen, wenden sie sich ab und ziehen es vor, den Irrtum zu vergöttern. Der, der sie zu täuschen versteht, wird leicht ihr Herr. Der, der sie aufzuklären versucht, stets ihr Opfer.*

Gustav Le Bon 1895

*Man muß sich aus einer Krise herausproduzieren — man kann sich aus ihr nicht herausdrucken, durch die Ausgabe von wertlosem Geld!*

Gerald Celente, 2009

*Wir erleben den größten Bankraub der Menschheitsgeschichte, und es sind die Banken selbst, die den Raub begehen!*

Gerald Celente

*Unser Geld- und Verschuldungssystem führt fast schon automatisch dazu, daß das Geld am Ende den Weg zu den größten Schuldnern und Verschwendern führen muß. Man kann ja nur dort viel Geld anlegen, wo auch viel Schulden gemacht werden – also ist es nur eine Frage der Zeit und der Zahl der Ecken, bis das Geld eben genau dort landet, wo es im Grunde genommen kein Sparer wirklich haben möchte.*

*Ohne das aus dem Nichts, unbegrenzt und zu Null-Kosten durch die Notenbanken herstellbare ungedeckte Papiergeld wären die meisten Kriege in den letzten Jahrhunderten schon nach wenigen Tagen zu Ende gewesen, weil man es anders gar nicht finanzieren hätte können, sich jahrelang auf Pump – ohne echte Werte dahinter zur Bezahlung des ganzen Wahnsinns – gegenseitig die Köpfe einzuschlagen, Waffen zu bauen oder die Soldaten zu bezahlen. Das Volk bezahlt sich also den eigenen Untergang und die Kriege – wo man das eigene Leben und das seiner Kinder opfert – so auch noch selber!*

Gerhard Kastner

*Wir können solange keinen freien Markt haben, solange wir kein freies Marktgeld haben, bei dem der Markt selbst über den Wert dieses Geldes entscheidet. Nur dann entspricht ein gemeinsam benutztes Geld auch einer real erbrachten Leistung — weil sich diese Bewertung auf völlig natürliche Weise einpendelt und nicht von oben, durch bestimmte Interessenkreise, willkürlich festgelegt wird.*

Michael Maloney

# TEIL 2

## DIE STAATSKRAKE ALS ABKÖMMLING DER GELDKRAKE

*Die Geschichte lehrt die Menschen, daß die Geschichte die Menschen nichts lehrt.*

Mahatma Gandhi

### WARUM DER GLUCKENSTAAT EIN SCHULDENSTAAT IST

Eine der unweigerlichen Folgewirkungen der Herrschaft der Geldkrake über das Wirtschafts- und Finanzwesen einer Gesellschaft besteht in der Aufblähung des Staates. Der Staat fängt an, das Leben der Menschen immer mehr zu vereinnahmen. Und zwar auf mehreren Ebenen zugleich. Einmal, indem er sich den Anschein zunehmender Fürsorglichkeit gibt (Fürsorgestaat, Sozialstaat, Wohlfahrtsstaat), dann wieder durch Aussaugen der von den Leistungserbringern erwirtschafteten Werte (Steuern, später auch Umverteilungen durch Enteignungen und sogenannten „Lastenausgleich"), außerdem werden die Anstrengungen zur Propaganda verstärkt, es kommt zu vermehrter Überwachung und zu einem Eindringen in die Privatsphäre. Mehr und mehr Grundrechte werden verwässert oder ganz außer Kraft gesetzt — immer mit der Rechtfertigung, dies liege „im Interesse aller". Das Endstadium dieser staatlichen Aufblähung, wenn klar ist, daß der Staat auch durch Schuldenmacherei nicht mehr zu retten ist, sind leider oft neu angezettelte Kriege, für die sich bekanntlich immer irgendein Grund finden läßt.

Die allermeisten Menschen verstehen nicht, was das alles mit der Geldkrake zu tun hat. In Wahrheit ist sie der tiefere Grund der staatlichen Aktionen: der Staat (und seine Politiker) wird immer mehr zum Getriebenen eines dekadenten, in sich hohlen und letztlich zerstörerischen Geldsystems. Kein Politiker vermöchte noch zu sagen, wie die immer stärker ausufernden

Schulden jemals zurückgezahlt werden könnten. Auf entsprechendes Nachfragen, das mitunter in Wahlkampfzeiten von Privatleuten (nie von Medienvertretern) kommt, antworten die Verantwortlichen stets ausweichend und mit ablenkenden Beschönigungen. Man müsse noch abwarten, in den nächsten Jahren könne es ja auch wieder „aufwärts" gehen, und dann werde man weitersehen.Die Titanic sinkt gerade, aber noch hält sie sich ja über Wasser. Einige, wie etwa der Konstrukteur, wissen, daß das Schiff untergehen muß und es keine Möglichkeit der Rettung gibt, aber so etwas würde nie offen zugegeben. Also speist man das gemeine Volk mit Vertröstungen ab und versucht es noch weiter bei Laune zu halten, damit keine Panik ausbricht. Geschieht dann das letzte Aufbäumen und die Fahrt in den Abgrund beschleunigt sich jäh, dann hört ohnehin keiner mehr auf diese Phrasendrescherei. Dann kommt die Realität zum Zuge, und jeder muß ganz alleine sehen, wie er die nächsten Sekunden überlebt.

## DER STAAT MUTIERT ZUR STAATSKRAKE

Wenn der künstlich erzeugte, auf Scheinwerten, nicht echten Werten basierende Wachstumsboom des Falschgeldes zu kollabieren beginnt, weil auch mal etwas zurückgezahlt werden muß und Kassensturz angesagt ist, tritt das Geldsystem in die Phase der Banken-Bailouts ein. Hier ist der Punkt, an dem der Staat zur Staatskrake mutiert — selbst in Ländern, die vorher großen Wert auf Privatinitiative und Privathaftung gelegt haben. Denn es heißt ja, die Banken seien für das System lebenswichtig, also müßten sie auch unbedingt gerettet werden. Das ist insoweit richtig, als ja das System als solches auf der Falschgeldproduktion der Banken beruht — nur wußte das keiner. Jetzt weiß man es, und wenn man es noch nicht weiß, erfährt man es früher oder später, denn nun betrifft es alle, die ganze Gesellschaft, einfach jeden einzelnen Bürgern. Der Staat muß die Banken retten, und das heißt nichts anderes als: die Gesamtheit der Bürger muß Werte in die Banken pumpen, damit diese ihr System weiter aufrechterhalten können. Die Alternative wäre: sofortiger Bankrott, und damit dann auch diejenige gesellschaftliche und kulturelle Katastrophe, die alle scheuen, die gerne in einer auf unechten, vorgetäuschten Werten fundierenden Gesellschaft leben: mit unbezahltem Konsum, unbezahlbarem Kredit und Verwischung der Unterschiede von echter und nur scheinbarer Leistung.

Aber da ja nicht alle Bürger auf einmal zahlen können oder zahlen wollen, übernimmt der Staat die Initiative. Er verschuldet sich nun nicht nur wie gewohnt (mit Summen, die man womöglich noch in 10 oder 20 Jahren abbezahlen könnte), sondern er verschuldet sich nun in einer astronomischen Dimension, die jegliche Möglichkeit einer Abzahlung von vornherein völlig fiktiv werden läßt. Damit ist der Staat endgültig zum Sklaven des Geldsystems und seines von den Initiatoren gewollten Defekts geworden: der Geldentwertung. Dieser Defekt entpuppt sich in seiner letzten Konsequenz als eine einzige gigantische Umverteilung. Alles, was sich noch an Werten im gesellschaftlichen Kollektiv befindet, wird nun endgültig herausgesaugt und landet in den Händen einer verschwindend kleinen Clique. Der Staat übernimmt hierbei die Rolle des Eintreibers, während der profitierende Geldadel weiterhin im Dunkeln bleibt und genauso astronomische Summen verdient, wie die Politik an astronomischen Schuldenzahlen generiert.

DIE LINKEN ALS HANDLANGER DES FALSCHGELDSYSTEMS

In der Öffentlichkeit spricht man dann mehr und mehr von einem bevorstehenden „Linksruck". Keynesianische Konjunkturprogramme, Roosevelts „New Deal", mehr oder weniger verhüllter Sozialismus spült dem „gemeinen Mann" scheinbar wieder etwas Geld in seine Kasse und ermöglicht es ihm, inmitten der Krise noch eine Zeitlang mit geborgtem Wohlstand zu vegetieren. Aber auch diese Politiker der Linken sind Handlanger des Geldsystems — man könnte sie sogar als dessen letzte Vollstrecker bezeichnen. Denn es handelt sich hier um die allerletzte Phase des Scheingeldkonzepts, wo auch noch der allerletzte Wert aus dem System gepreßt wird, bevor es endgültig kollabiert. Der Staat soll helfen, aber er hat ja gar nichts, und er kann auch aus sich allein heraus gar nichts!

Die deutsche Linke hat sich 2009 dazu einen sehr bezeichnenden Wahlslogan einfallen lassen: *„Reichtum für alle!"* Man kann sich nun fragen, wo dieser Reichtum denn herkommen soll. Aus einer Rückbesinnung auf die gute alte Selbstverantwortung und Kreativität unternehmerisch denkender Einzelner? Oder überlegt man nicht stattdessen bloß, wie man ans Vermögen derjenigen gelangen kann, die noch etwas haben? Die Megareichen und der Geldadel werden das ganz gewiß nicht sein, denn sie haben sich schon längst anderweitig, auch international, abgesichert und sind mit den üblichen Besteuerungen gar nicht zu erreichen. Also schröpft man den Mittelstand, ja sogar, wenn's richtig mit dem Kollaps losgeht, auch die obere Unterschicht — wie gesagt jeden, der noch etwas hat. Bis dann gar nichts mehr zu verteilen übrig ist, denn vom Verteilen allein kommen ja keine neuen Werte zustande, und vom Verteilen der letzten Krümel wird man auch das Saugen der Geldkrake nicht stoppen können. Wie jeder effektive Schmarotzer stirbt sie erst, wenn der Wirtsorganismus selbst schon in seinen Todeszuckungen liegt.

Am Ende gibt es im Lande überall nur noch verbrannte Erde anzutreffen, und was aus den Schicksalen der Menschen wird, läßt sich höchstens vermuten bzw. befürchten: sind sie verhungert, haben sie sich gegenseitig totgeschlagen, jubeln sie einem neuen Tyrannen zu, der ihnen verspricht, mit all dem Wahnsinn, den seine Vorgänger angerichtet haben (die immer noch das System retten wollten), „gründlich aufzuräumen"? Die Geschichte wiederholt sich eben doch, denn all das ist schon oft genug passiert, und wenn dann wieder dasselbe Lügen und Leben-über-die-Verhältnisse, wie es ungedecktes Kreditgeld impliziert und seiner ganzen Natur nach perfekt verkörpert, von neuem losgeht, dann ist bereits der Keim für die nächste Katastrophe gesät.

## Die Einlullung infantiler Konsumenten

Nicht zufällig wird das Ankreuzen von Wahlzetteln in 4-Jahreszyklen genannt: *seine Stimme abgeben*. Auf daß sie in der *Wahlurne* verschwinde. Dieser sakrosankte Akt, nicht selten in Zusammenhang mit dem Kirchgang vollzogen, bei dem es bekanntlich auch um die Betreuung durch freundliche „Hirten" geht, wird den gläubigen Schafen als vermeintliche Einflußnahme auf die Geschicke ihres Gemeinwesens verkauft. Wer obiges verstanden hat, wird gemerkt haben: Die Herde kann links oder rechts wählen, grün, gelb, blau oder braun — geschoren wird sie so oder so. Denn bei diesen ganzen Scheinalternativen handelt es sich mit Sicherheit nicht um eine Entscheidung über das dahinterstehende System selbst, und daß über dieses nicht abgestimmt werden darf, ja daß es nicht einmal erwähnt, thematisiert und zum Gegenstand öffentlicher Debatten gemacht wird, dafür haben die Fädenzieher aus den einschlägigen Interessenkreisen längst gesorgt. Heutige Politiker der Scheindemokratien haben nicht im geringsten das Sagen, sondern sie sind bloß Marionetten einer Struktur, die sie auserkoren hat, von ihr benutzt zu werden: aufgrund ihrer Eitelkeit, ihrer aufgeblähten Scheinwichtigkeit und Selbstbezogenheit und ihrem Streben nach Macht.

Der Rest an politischer Auseinandersetzung sind nur Sandkastenspiele zur Ablenkung und Unterhaltung, Sportveranstaltungen gleich, wo der Zuschauer auf der Tribüne mit der Frage beschäftigt und vereinnahmt wird, wer wohl Erster oder Zweiter werde und ob der Aufholende beim Rennen nicht vielleicht doch noch eine echte Chance auf den Sieg habe.

Die Leute merken gar nicht mehr, wie kindisch und unreif das ist. Sie sind längst eingelullt worden. Ihre Aufmerksamkeit wird nicht anders gefesselt als bei einem Säugling, dem man die bunte Rassel vor die Nase hält und der dann nichts anderes mehr sehen mag. Das System selbst — Geldsystem, Wirtschaftssystem, Fernsehen, Rundfunk und andere Medien, Kriegsrüstung, Subventionierungen, Besteuerung, Erziehungssystem oder das Krebsgeschwür eines verselbständigten Bürokratiewachstums — stand nie zur Debatte. Das Volk ist kein Souverän (wie eine blumige Rhetorik in den meisten Verfassungen verspricht), sondern bloß der Betrogene und das Opfer, wenn nicht der Sklave. Oder schlimmer noch: Es ist sogar freiwillig Sklave, freiwilliges Opfer eines Ausbeutungssystems, das es trotz allen technischen Fortschritts genauso in der Tretmühle laufen läßt wie in früheren Jahrhunderten, es genauso unfrei und entwürdigt vegetieren läßt wie in früheren Jahrhunderten, es genauso mit ideologischer Gehirnwäsche betäubt wie in früheren Jahrhunderten — nur merkt man es nicht, weil es zu jeder Zeit andere Formen angenommen hat und andere Tricks der Beeinflussung und Verführung verwendet werden. Die Basis all dessen ist immer der Verzicht auf eigenes Nachdenken, Überprüfen und Untersuchen, ist die Abgabe der Eigenverantwortung.

# DER ZERFALL DES
# SELBSTVERANTWORTLICHEN DENKENS

*Ich hatte gestern wieder Gespräche mit „Normalmenschen". Die glauben alle diese Lügen, denn das Finanzsystem interessiert sie nicht. Der Euro interessiert sie nicht, solange sie noch welche haben und sie dafür etwas kaufen können. Was sie interessiert, ist der nächste Urlaub, die Frühpension (wie viele Tage noch), was es im Fernsehen gibt, etc. Die kann man bis zum bitteren Ende einlullen — bis die Ersparnisse weg sind.*

Walter K. Eichelburg

## WIE EIN OBRIGKEITSSTAAT ENTSTEHT

Die aktuelle politische Misere ist nicht primär auf die im Parlament vertretenen bzw. die Regierung stellenden Parteien zurückzuführen, auch nicht auf die Persönlichkeit bestimmter Politiker, und sie ist daher auch nicht durch Abwählen dieser Personen oder durch Neuwählen anderer Personen lösbar. Es ist auch keine Krise der Gesetze, die durch Beschließen neuer Gesetze korrigierbar wäre, ja, es ist nicht einmal eine Krise der Wirtschaft, die durch einen neuen Wirtschaftsaufschwung und mehr Wohlstand, ganz gleich zugunsten welcher Bevölkerungsgruppen, lösbar wäre. Sondern ihr liegt eine falsche Auffassung vom Staat zugrunde, die zur Zeit nicht nur von einem Hauptteil der Bevölkerung, sondern von nahezu jedem Bürger vertreten wird. Diese weitgehend unbewußte Auffassung setzt von vornherein beim Staat als einem Obrigkeitsstaat an.

Was genau ist hier mit Obrigkeitsstaat gemeint? Nicht irgendein gewalttätiges, menschenfeindliches Monster oder Regime — das könnte man im Außen leicht dingfest machen. Dieses Regime oder Monster wird sich zwar später nicht nur manifestieren, sondern wird geradezu gezwungen sein, sich zu manifestieren — aber das ist nur die sekundäre Folge einer bestimmten Ursache. Der eigentliche Startpunkt des Obrigkeitsstaats liegt *in der Vorstellung, der Staat sei oben und der Bürger unten* (wie auch das Wort schon sagt): Der Staat ordne an und der Bürger habe zu folgen; *der Staat sei gewisser-*

*maßen Vorgesetzter oder Chef, der Bürger Untergebener.* Richter, Behörden, Ministerien, also Ämter und Amtsinhaber hätten zu entscheiden; der einzelne habe sich dem unterzuordnen. Kurz: Subjekt sei der Staat und seine „Organe", Objekt der Bürger.

Dieses Denken haben in Deutschland bereits die allermeisten verinnerlicht — natürlich ohne sich dessen überhaupt bewußt zu sein. Man ist es schon wieder so gewohnt, war es vielleicht schon immer so gewohnt, und merkt es jedenfalls auch gar nicht mehr. Die Vorstellung, der Bürger sei der Souverän (wie sie idealistischer- und inzwischen völlig unrealistischerweise noch im Grundgesetz aufscheint, aber im Einzelfall nicht mehr durchzusetzen, geschweige denn einzuklagen ist) und der Staat sozusagen „Befehlsempfänger", muß diesen Bürgern inzwischen sogar schon lachhaft und absurd erscheinen. Genau so lachhaft und absurd, wie es einem Katholiken vorkommen würde, wenn man ihm sagte, er sei der Chef und Gott sein Befehlsempfänger.


## DER STAAT WIRD'S SCHON RICHTEN

Der Obrigkeitsstaat wird von Linken wie Rechten, von Fortschrittlichen wie Konservativen, Sozialisten wie Kapitalisten vertreten. Umso mehr, je mehr die Idee von der „Gerechtigkeit" ins Wanken gerät und von den Veränderungen, die die Systemkrise mit sich bringt, infrage gestellt wird. Die Selbstidentifikation mit diesem Staat, der angeblich die Gerechtigkeit wiederherstellen soll, nimmt immer mehr zu und bildet sich schließlich ein, der Staat könne alles richten und wieder in Ordnung bringen, insbesondere das Debakel mit den Finanzen. Ich habe das bereits mehrfach als „Gießkannenprinzip" angesprochen. Aber um mit der Gießkanne etwas ausstreuen zu können, müßte doch eigentlich erst einmal etwas darin sein, oder nicht? Nun, was ist in Wahrheit in dieser Gießkanne des vermeintlich ach so gerechten Sozialstaats? Schulden über Schulden sind darin! Mega-Schulden. Und nicht nur das, sondern zusammen mit diesen niemals mehr zu begleichenden Mega-Schulden kommt noch ein gigantisches bürokratisches Schmarotzersystem hinzu: bestehend aus einer immer mehr zunehmenden Masse an Staatsangestellten, Staatsversorgten und nutznießenden Mitläufern, die alle an der Brust dieses Systems hängen wie Säuglinge kurz nach der Geburt.

Der Obrigkeitsstaat ist die manifestierte Infantilität und Verantwortungslosigkeit der weit überwiegenden Masse der Bevölkerung. Die Bürger haben sich selbst nicht nur zu unmündigen Objekten ohne Mut und Eigeninitative degradiert, sie haben sich auch noch zu hilflosen Opfern gemacht. Und dieses kaputte, durch und durch verlogene und korrupte System hat sich längst dermaßen verfestigt und verselbständigt, daß eine Änderung von innen heraus, durch bloßes graduelles Einflußnehmen an einzelnen Punkten, inzwischen leider völlig ausgeschlossen scheint. Der Bürger, der sich zum Objekt eines solchen Staats macht, muß damit rechnen, von diesem schließlich vernichtet zu werden. Statt mit einem klug abwägenden Übervater, der mit all seinen „Experten" und „Wissenschaftlern" besser als der kleinkarierte Einzelne weiß, was die beste Lösung ist, haben wir es mit einem hemmungslosen, verlogenen, oft sogar explizit kriminell denkenden Drogensüchtigen zu tun, der nur noch darauf aus ist, sich mit kurzfristig ergatterten „Kicks" über die Runden zu retten.

Nein, diese Art Staat ist weder klug noch weise, weder abgeklärt noch verantwortungsvoll. Er ist auch nicht die Summe der Fähigkeiten all seiner Beteiligten, ja, er ist nicht einmal so etwas wie ein statistischer Querschnitt der Intelligenz seiner Bürger. Sondern er ist ein projizierter Alptraum, genau so wie der strafende, moralische Gott ein projizierter Alptraum ist, der alles, was der Mensch an eigener Unverantwortlichkeit, Lebensangst und Bequemlichkeit nach außen verlagert, zurückreflektiert. Ohne das eigene schicksalhafte Problem auch nur in Ansätzen zu lösen. Der bloße Akt der Projektion ist bereits Selbsttäuschung, und er ist genauso verhängnisvoll wie Selbsttäuschung.

Ein wirklich demokratischer Staat ist klein, marginal, untergeordnet — nicht groß und allumfassend. Aber solch einen kleinen Staat werden wir erst wieder bekommen, wenn das gegenwärtige Monster mit lautem Knall zerplatzt ist wie ein zu stark aufgeblasener Luftballon. Und genau dieses Aufblasen findet zur Zeit, unter dem Aspekt der explodierenden Falschgeldproduktion, gerade statt: eine Entwicklung, die sich schon längst verselbständigt hat. So schrecklich die Explosion auch sein wird — wir können uns schon jetzt auf das Ableben des Monsters freuen. Die noch verbleibende Zeit wird sich jeder, der ein Interesse daran hat, wieder zum echten Bürger einer echten Demokratie zu werden, dafür reservieren, Eigenverantwortung zu entwickeln und täglich zu praktizieren. Das ist die beste Vorsorge für die neue Zeit, die uns allen bevorsteht.


## FRIEDRICH NIETZSCHE – VOM NEUEN GÖTZEN

Der ach so liebe und gute Fürsorge- und Gluckenstaat, der angeblich immer nur dein bestes will, ist just dabei, seine häßliche Fratze zu zeigen. Das kann aber nur merken, wer nicht im Tiefschlaf verharrt und sich nicht alltäglich seine Dosis hypnotisches Gesäusel der Propaganda-„Moderatoren" abholt. Um sie treu-dumm zu verinnerlichen, so wie man es ihm von Kindesbeinen an eintrainiert hat.

Den wahren Hintergrund dieser Wandlung unseres Gesellschaftswesens vom Rechts- zum Unrechtsstaat hat bereits der scharfsichtige Friedrich Nietzsche vor 125 Jahren in die passenden Worte gebracht — Klartext, der dem heutigen, zur Schlachtbank trottenden Bürger-Schaf wie ein häßlicher Schock erscheinen muß. Denn wer nur noch den fertig zubereiteten Babybrei der modernen Alltagsphrasen nachkauen kann, der wird sich an härterer, nahrhafterer Kost schnell verschlucken.

*Irgendwo gibt es noch Völker und Herden, doch nicht bei uns, meine Brüder: da gibt es Staaten.*

*Staat? Was ist das? Wohlan! jetzt tut mir die Ohren auf, denn jetzt sage ich euch mein Wort vom Tode der Völker.*

***Staat heißt das kälteste aller kalten Ungeheuer. Kalt lügt es auch; und diese Lüge kriecht aus seinem Munde: „Ich, der Staat, bin das Volk."***

*Lüge ist's! Schaffende waren es, die schufen die Völker und hängten einen Glauben und eine Liebe über sie hin: also dienten sie dem Leben.*

*Vernichter sind es, die stellen Fallen auf für viele und heißen sie Staat: sie hängen ein Schwert und hundert Begierden über sie hin.*

*Wo es noch Volk gibt, da versteht es den Staat nicht und haßt ihn als bösen Blick und Sünde an Sitten und Rechten.*

*Dieses Zeichen gebe ich euch: jedes Volk spricht seine Zunge des Guten und Bösen: die versteht der Nachbar nicht. Seine Sprache erfand es sich in Sitten und Rechten.*

*Aber der Staat lügt in allen Zungen des Guten und Bösen; und was er auch redet, er lügt — und was er auch hat, gestohlen hat er's.*

*Falsch ist alles an ihm; mit gestohlenen Zähnen beißt er, der Bissige. Falsch sind selbst seine Eingeweide.*

*Sprachverwirrung des Guten und Bösen: dieses Zeichen gebe ich euch als Zeichen des Staates. Wahrlich, den Willen zum Tode deutet dieses Zeichen! Wahrlich, es winkt den Predigern des Todes!*

*Viel zu Viele werden geboren: für die Überflüssigen ward der Staat erfunden!*

*Seht mir doch, wie er sie an sich lockt, die Viel-zu-Vielen! Wie er sie schlingt und kaut und wiederkäut!*

*„Auf der Erde ist nichts Größeres als ich: der ordnende Finger bin ich Gottes" — also brüllt das Untier. Und nicht nur Langgeohrte und Kurzgeäugte sinken auf die Kniee!*

*Ach, auch in euch, ihr großen Seelen, raunt er seine düsteren Lügen! Ach, er errät die reichen Herzen, die gerne sich verschwenden!*

*Ja, auch euch errät er, ihr Besieger des alten Gottes! Müde wurdet ihr im Kampfe, und nun dient eure Müdigkeit noch dem neuen Götzen!*

*Helden und Ehrenhafte möchte er um sich aufstellen, der neue Götze! Gerne sonnt er sich im Sonnenschein guter Gewissen, — das kalte Untier!*

*Alles will er euch geben, wenn ihr ihn anbetet, der neue Götze: also kauft er sich den Glanz eurer Tugend und den Blick eurer stolzen Augen!*

*Ködern will er mit euch die Viel-zu-Vielen! Ja, ein Höllenkunststück ward da erfunden, ein Pferd des Todes, klirrend im Putz göttlicher Ehren!*

*Ja, ein Sterben für viele ward da erfunden, das sich selber als Leben preist: wahrlich, ein Herzensdienst allen Predigern des Todes!*

*Staat nenne ich's, wo alle Gifttrinker sind, Gute und Schlimme: Staat, wo alle sich selber verlieren, Gute und Schlimme: Staat, wo der langsame Selbstmord aller — „das Leben" heißt.*

*Seht mir doch diese Überflüssigen! Sie stehlen sich die Werke der Erfinder und die Schätze der Weisen: Bildung nennen sie ihren Diebstahl — und alles wird ihnen zu Krankheit und Ungemach!*

*Seht mir doch diese Überflüssigen! Krank sind sie immer, sie erbrechen ihre Galle und nennen es Zeitung. Sie verschlingen einander und können sich nicht einmal verdauen.*

*Seht mir doch diese Überflüssigen! Reichtümer erwerben sie und werden ärmer damit. Macht wollen sie und zuerst das Brecheisen der Macht, viel Geld, — diese Unvermögenden!*

*Seht sie klettern, diese geschwinden Affen! Sie klettern über einander hinweg und zerren sich also in den Schlamm und die Tiefe.*

**Hin zum Throne wollen sie alle: ihr Wahnsinn ist es, — als ob das Glück auf dem Throne säße! Oft sitzt der Schlamm auf dem Thron — und oft auch der Thron auf dem Schlamme.**

*Wahnsinnige sind sie mir alle und kletternde Affen und Überheiße. Übel riecht mir ihr Götze, das kalte Untier: übel riechen sie mir alle zusammen, diese Götzendiener.*

*Meine Brüder, wollt ihr denn ersticken im Dunste ihrer Mäuler und Begierden! Lieber zerbrecht doch die Fenster und springt in's Freie!*

*Geht doch dem schlechten Geruche aus dem Wege! Geht fort von der Götzendienerei der Überflüssigen!*

*Geht doch dem schlechten Geruche aus dem Wege! Geht fort von dem Dampfe dieser Menschenopfer!*

*Frei steht großen Seelen auch jetzt noch die Erde. Leer sind noch viele Sitze für Einsame und Zweisame, um die der Geruch stiller Meere weht.*

*Frei steht noch großen Seelen ein freies Leben. Wahrlich, wer wenig besitzt, wird um so weniger besessen: gelobt sei die kleine Armut!*

***Dort, wo der Staat aufhört, da beginnt erst der Mensch, der nicht überflüssig ist: da beginnt das Lied des Notwendigen, die einmalige und unersetzliche Weise.***

*Dort, wo der Staat aufhört, — so seht mir doch hin, meine Brüder! Seht ihr ihn nicht, den Regenbogen und die Brücken des Übermenschen?*

*Also sprach Zarathustra.*


Muß das noch interpretiert werden? Am besten man liest es mehrmals, und langsam, dann versteht man es besser. Denn allzu schroff und undiplomatisch werden seine Worte dem durch allzu viele technische Annehmlichkeiten bis zum Überdruß eingelullten modernen Konsummenschen vorkommen. Solch klare Sprache ist man heute nicht mehr gewohnt. Unsere heutige Art Mensch befindet sich bereits in einer tiefreichenden Symbiose mit dem Fürsorgestaat, seinem schützenden Übervater. Diesen Popanz derart scharf anzugreifen, wie es Nietzsche hier tut, wirkt wie ein Herausreißen überlebensnotwendiger Blutzufuhr.

Aber genau diese Angst, diese Verunsicherung, dieser Tabubruch sind es, die auf eine bereits tief im eigenen Denken verwurzelte Abhängigkeit aufmerksam machen müßten. Der Staat ist eben nicht groß und allmächtig, sondern er ist der wahre Bettler und Schmarotzer. Auch die Addition millionenfacher Anhänglichkeit und Unselbständigkeit, auch die scheinbare Geborgenheit im Kollektiv der Mitläufer und Denkfaulen macht ja nicht stark, sondern nur umso schwächer.

Nietzsches Vision verheißt Freiheit und Selbstbestimmung, und sie verheißt das damit einhergehende Gefühl von Glück, Stärke und Würde. Dieses Gefühl gibt es nicht umsonst, sondern es will verdient werden. Nur wer es sich errungen hat und es selbst erfährt, kennt es.

# DER ÜBERGANG VOM RECHTSSTAAT ZUM UNRECHTSSTAAT

*Niemand ist hoffnungsloser versklavt als der, der fälschlich glaubt frei zu sein.*

Johann Wolfgang von Goethe

## KOLLAPS DES GELDSYSTEMS FÜHRT ZUM ABRUTSCHEN IN DEN FASCHISMUS

Totalitäre Systeme sind im wesentlichen dadurch gekennzeichnet, daß eine Minorität imstande ist, ihre politischen Vorstellungen einer großen Mehrheit von Bürgern aufzunötigen. Nun ist das Geldsystem erstens nie demokratisch zustandegekommen, sondern es wurde den Bevölkerungen der Länder untergeschoben — genauso wie man viele technische Mechanismen etabliert hat, ohne daß jemals darüber abgestimmt worden ist. Es hat sich einfach so ergeben. Daß nun die Geldkrake immer mächtiger und einflußreicher wird, liegt in ihrer Natur. Und zweitens: Eine nachträgliche Befragung der Bevölkerung wird auch nicht mehr stattfinden, denn dazu ist die Machtansammlung bereits zu weit fortgeschritten, als daß sie sich noch freiwillig infrage stellen ließe — schließlich vollzieht sich ja das gesamte Wirtschafts- und Kulturleben bereits entsprechend der vorgegebenen Logik. Den Menschen ist das alles schon genauso in Fleisch und Blut übergegangen wie die Tatsache, daß morgens die Sonne auf- und abends wieder untergeht. Es ist Teil des heutigen Weltbildes, und da übertrifft die Bedeutung des Falschgeldwesens inzwischen sogar schon die Bedeutung der traditionellen Religionen.

Da das Geldsystem aber nicht stabil ist, sondern aufgrund der immer stärker anwachsenden Schulden — also der immer geringeren Wertdeckung und der sich entsprechend aufblähenden Kreditblasen — in zyklische Krisen gerät, kommt es zur Bailout-Nötigung. Dieser zwangsläufig eintretende Mechanismus wurde bereits im Kapitel *Bailout: Warum am Ende immer der Steuerzahler zahlen muß* behandelt. Dort wurde auch erklärt, daß diese Logik von den Architekten des Systems vorausgesehen wurde und eindeutig gewollt ist. Durch den Bailout findet dann die eigentliche Umverteilung von unten nach oben, von der Masse hin zu den Wenigen statt.

Mittels Bailout-Erpressungsmechanismus werden die Regierungen von den Fädenziehern, also den im Verborgenen bleibenden Großfinanziers, in Geiselhaft genommen. Nun müssen die Politiker reagieren. An wen sie sich nun in der Not wenden? Da bleibt natürlich nur die eigene Bevölkerung. Diese muß jetzt bluten, d.h. sie wird so lange geschröpft und ausgenommen, bis nichts mehr da ist. Politiker haben aber eine besonders typische Eigenschaft: Sie nennen die wahren Verhältnisse niemals beim Namen, sondern sind besonders kreativ im Erfinden von Vertuschungen, neuen Namensschöpfungen und propagandistischen Manövern, mit denen sie die unangenehmen Tatsachen an ihre Wähler verkaufen. Die Zwangsmaßnahmen werden nicht nur als notwendig und hilfreich gepriesen, sondern indem man an die unterschwelligen Ängste und Ressentiments der Menschen appelliert, schafft man es, die demokratischen Grundrechte immer mehr abzuschaffen und den Staat zu einem bürokratischen Monster anwachsen zu lassen, das sich immer mehr Energien und Ressourcen der Menschen einverleibt. Die Demokratie stirbt und wird von einem totalitären Regime ersetzt — natürlich immer unter anderem, angeblich humanerem Mäntelchen.

*Faschismus, das ist die Einheit von Wirtschaftsinteressen und Staat.* Genau an diesen Punkt führt uns ein Geldsystem, das auf eine Minorität zugeschnitten ist, die sich auf einem breiten Fundament von Millionen Menschenschicksalen erhebt wie eine winzige Nadelspitze, die nur aus einigen wenigen Mega-Reichen und heimlichen Mächtigen besteht. Diese haben auch das Geld und die Mittel, um das Volk via Massenmedien entsprechend einzululullen und ihm sämtliche politischen Veränderungen als gut und sinnvoll zu suggerieren.

## Eine immer massivere Propagandawalze überrollt die Bevölkerung

Natürlich kommen auch die Politiker und die Massenmedien nicht daran vorbei, auf die immer stärker zutage tretenden tiefgreifenden Auswirkungen des Betrugseffektes, den das Falschgeldsystem verursacht, einzugehen. Da ist von „Regulierung der Finanzmärkte" die Rede, und natürlich immer wieder von neuen Steuern, die die „Gier" der Banker und

Spekulanten eindämmen sollen. Die gegebenen Erklärungen führen jedoch praktisch alle am eigentlichen Thema vorbei und sind nichts als Ablenkungsmanöver. Unwissenheit, Desinteresse oder korruptes Decken der Hintermänner herrschen vor. Und das betrifft sämtliche Parteien. Als einzige Ausnahme ist in Deutschland die neugegründete *Partei der Vernunft* zu nennen, die sich auf die Österreichische Schule der Ökonomie beruft. Der einzige Bundestagsabgeordnete, der das Geldsystem und seine Konsequenzen verstanden hat, ist *Frank Schäffler* von der FDP — leider steht er damit auch innerhalb seiner eigenen Partei isoliert und allein auf weiter Flur da.

Wie eingangs erwähnt, ist es von vitaler Bedeutung, das Kartell des Schweigens, Vertuschens und der gewollten oder ungewollten Ignoranz zu durchbrechen und die wahren Hintergründe des Falschgeldes mehr und mehr ans Licht der Öffentlichkeit zu bringen. Nur so besteht eine Chance, rechtzeitig eine „kritische Masse" von Verständigen aufzubauen, um das Abgleiten des Staates in den Faschismus zu verhindern.

Insbesondere in Staaten wie Deutschland, wo die Obrigkeitsgläubigkeit eine besonders lange Tradition genießt, fällt es den Menschen schwer, eine nüchterne, aufgeschlossene und vor allem eigenständige Sichtweise des vom Staat unterstützten Geldsystems zu entwickeln. Es wird einfach immer das geglaubt und verinnerlicht, was der Staat verordnet — den von oben kommenden Maßgaben wird ein ungleich größerer Vertrauensvorschuß eingeräumt als Aufklärungstexten wie dem hier präsentierten. Von „Betrug" zu sprechen fällt dann auf den Aufklärer zurück und macht ihn in den Augen der Unwissenden schnell unglaubwürdig. Klingt doch dieses Wort in den Ohren von braven, konformistischen Bürgern allzu schrill und provokant.

Man sollte sich aber in diesem Zusammenhang eines ganz grundsätzlich vor Augen halten: Nur weil der Staat etwas tut, ist es noch lange nicht vertrauenswürdig — ja, es ist noch nicht einmal notwendigerweise legal. Das beweisen die Beschlüsse zum Bundeswehreinsatz in Afghanistan, der für lange Zeit nicht als Kriegseinsatz bezeichnet werden durfte, weil damit seine Grundgesetzwidrigkeit allzu offen zutage getreten wäre. Erst nachdem die Bevölkerung jahrelang an diesen Einsatz gewöhnt worden war, brachte man ihr auch den inzwischen unvermeidlichen Begriff „Krieg" bei, langsam, schonend und mit Engelszungen vielstimmiger Propaganda. Ähnlich verhielt es sich mit den Finanzierungsbeschlüssen zur Abwendung des griechischen Staatsbankrotts. Obwohl ein Bailout ganz klar (und sogar unbestritten) gegen alle bisherigen europäischen Vereinbarungen, Gesetze und Verträge zur Euro-Währungsunion verstieß, und obwohl unsere Politiker ständig versichert hatten, eine solche Maßnahme käme nicht in Betracht, wurde sie dennoch beschlossen. Ebenso der Verrat an den bisherigen Stabilitätsregelungen durch unverhohlenes Gelddrucken, wodurch die Währung nun unabsehbaren Schaden erleidet.

Es läßt sich einfach nicht beschönigen: Der Staat hält sich nicht an seine eigenen Gesetze. Er hat die Macht, und wenn er diese Macht mißbraucht, gibt es erst einmal keine Instanz, die ihn daran hindern könnte. Auch die obersten Gerichte, in die viele rechtsstaatlich gesonnene Bürger ihre letzte Hoffnung setzen, unternehmen diesbezüglich nichts — Gewaltenteilung ist in Deutschland nur ein Mythos, ist aber nirgendwo ausdrücklich festgeschrieben und findet de facto auch nicht statt. Sondern bei den dort sitzenden obersten Richtern handelt es sich um nichts anderes als um Parteigenossen derselben Parteien, die in der Regierung gegen Gesetze verstoßen.

Der Staat tritt nicht nur als Verräter von Bürger- und Volksinteressen auf, indem er maßlose Geldverschwendung betreibt und eine Wirtschaftspolitik im Sinne von Konzernen und Banken führt, sondern er kann auch ohne Gewissensnot die Mörderrolle übernehmen. Er kann junge Soldaten in ungerechtfertigte Kriege schicken und dort sterben lassen. Dies sind alles Tatsachen, und wer in Ruhe darüber nachdenkt und sich dann am besten auch noch die Geschichte der letzten hundert oder zweihundert Jahre anschaut, wird die Berechtigung meiner Aussagen nicht mehr bestreiten können. Warum dann aber die Weigerung, den Staat auch als Geldbetrüger zu erkennen? Entweder man ist zu einer unabhängigen Sicht imstande und macht sich von der Thematik sein eigenes Bild, auch wenn dieses den Politikermeinungen und den glatten Phrasen, wie sie die Massenmedien verkünden, widerspricht, oder man hat das eigene Urteilsvermögen ohne Not preisgegeben. Und damit sind wir, wie ich finde, am eigentlichen Dreh- und Angelpunkt angelangt — nur hier, in jedem einzelnen von uns, entscheidet sich alles, und nicht, wie immer angenommen, irgendwo „draußen", bei den angeblich so wichtigen Politrepräsentanten.

# EUROPA AM SCHEIDEWEG: ZERFALL ODER TOTALITÄRES REGIME?

Das vorauszusehende Scheitern des Euro bringt Europa an eine hochinteressante Weggabelung: mit dem Verfall der gemeinsamen Währung könnte es zu einem Auseinanderbrechen der engen politischen und wirtschaftlichen Kooperation kommen, oder es könnte andererseits zu einem umso stärker forcierten Einigungsprozeß kommen, der mit hoher Wahrscheinlichkeit zum gleichzeitigen Abbau der noch vorhandenen Reste von demokratischer Einflußnahme durch die einzelnen Bevölkerungen und zur Zementierung eines zentralistischen totalitären Regimes führen würde. Die Antwort werden wir wohl in einer viel näheren Zukunft erleben als bislang von den allermeisten erwartet bzw. befürchtet.

Hochinteressant wird diese Entwicklung vor allem deshalb sein, weil die Zuspitzung auf beiderlei Extreme unvermeidlich scheint. Eine moderate Lösung ist ausschlossen, und zwar aus diesem Grund: Das im herrschenden Geldsystem eingebaute Bailout-Konzept reißt die Entscheidungsträger automatisch in den Strudel der Bankrotterklärung hinein. Es wirkt wie ein Sprengsatz. Aussitzen und Abwarten ist hierbei nicht mehr möglich. Das Schuldsystem befindet sich in der Nähe des senkrecht aufstrebenden Astes der Exponentialkurve: Schulden können nur mit weiteren Schulden „beglichen" (d.h. kaschiert) werden, und diese Spirale beginnt wie bei einem Schneeballsystem — und genau darum handelt es sich ja auch — zu explodieren.

Die Tendenz der Regierungen, insbesondere der aktuellen deutschen in Berlin, weist fraglos in Richtung auf eine Mobilisierung sämtlicher stabilisierenden Kräfte und Maßnahmen. Das wäre bei einem rechtlich und gesetzmäßig ablaufenden Vorgang auch in Ordnung — aber genau darum handelt sich hier nicht, sondern wir haben es mit kriminellen Kräften zu tun, die bereit sind, auch noch die Reste rechtstaatlicher Prinzipien zu opfern, um das herrschende Geldsystem funktionstüchtig zu halten: und damit eben auch eine betrügerische Umverteilungssystematik, nämlich die Geldkrake der US-FED. Diesem System wird nach und nach alles andere untergeordnet. Jegliche noch verbliebene Rechtschaffenheit und Glaubwürdigkeit wird vom alles verschlingenden Strudel des Schuldgelds und der galoppierenden Neuaufnahme weiterer, immer astronomischerer Schuldsummen aufgesaugt.

Diese unheilvolle Logik führt geradewegs in den Polizeistaat. Aber die Konsequenzen sind auf lange Sicht sogar noch düsterer: Mit dem endgültigen Bankrott endet ja der Zentralismus, also die parallel zur Geldkrake aufgepumpte Staatskrake, noch lange nicht, sondern sie gelangt erst in ihr eigentliches Stadium und zu voller souveräner Herrschaft! Kaum ist der Bankrott eingetreten, so wird man die Marktkräfte zu Sündenböcken der Entwicklung erklären. Und der nichtsahnende Bürger wird das sogar noch erleichtert bejubeln! Dergleichen die Staatskraft stärkende Tendenzen lassen sich inzwischen in vielen Kommentaren und auf zahlreichen Webseiten verzeichnen. Gefordert wird dort ein Staatsgeld, mit dem angeblich die Auswüchse des bisherigen halbstaatlichen Zentralbank- und Bankengeldes eingedämmt werden könnten. Praktisch das gesamte linke politische Spektrum und fast sämtliche intellektuellen Stimmen befürworten eine Mutation des Staates zu einer Obrigkeitsinstanz, die vermeintliche „Gerechtigkeit" und „Gleichheit" per Gießkannenprinzip zu verteilen habe. Natürlich hegt man die feste Überzeugung, diese Obrigkeit sei viel ausgewogener und humaner als das bisherige System, das als „liberalistisch" (neoliberal) und willkürlich eingestuft wird.

Dieses Denken führt in logischer Konsequenz in einen totalitären Sozialismus, also genau die Art von System, wie es historisch bereits grandios gescheitert ist. Wahrscheinlich wird das neu zu errichtende System jedoch mit modernsten Mitteln der Überwachung und Kontrolle versehen sein. Ein Modell, das möglicherweise kommen wird, basiert auf der kompletten Abschaffung von Bargeld bzw. von nicht nachzuverfolgendem, frei vagabundierendem Geld und der Einführung eines mit der jeweiligen Person verknüpften Chip- bzw. Computergeldes, wie es ja bereits mit den unterschiedlichen Plastik-Geldkarten vorhanden ist. Der Schritt zum Polizei- und Überwachungsstaat ist hier nur noch ein kurzer, denn jeder Zahl- und Abbuchungsvorgang kann unmittelbar mit einer zentralen Datenbank abgeglichen werden. Damit hat diese Art Staat den Bürger völlig in seiner Hand. Er braucht ihm bei mißliebigem Verhalten bloß die Genehmigung zu Geldtransaktionen zu sperren (und bei erwiesenem Wohlverhalten wieder freizugeben) und hat hierdurch, auch ohne daß es jemals zu direkten Gewalt- und

Erpressungsmaßnahmen kommen muß, das perfekte Steuerungsmittel, um Wohlverhalten zu erzwingen.

Es gibt noch eine ganze Menge weiterer Aspekte dieser obrigkeitsstaatlichen Geldsystematik: Da der Marktmechanismus als Schuldiger für die Umverteilung von unten nach oben ausgemacht wurde, wird ein zentral gesteuertes, sozialistisches Verteilsystem gefordert, das derartige Auswüchse verhindern und allen ein „angemessenes" Vermögen zuteilen soll. Um diesen Glauben an das neue, angeblich fortschrittlichere Konzept zu festigen, muß ein neuer, mächtiger Propagandaapparat etabliert werden, der das Staatsgeld als Wohltat und humane soziale Einrichtung in die Köpfe programmiert. Fakt ist nämlich das genaue Gegenteil: Es ist genau dieses zentralistische, von unzugänglichen, anonymen Kräften gesteuerte Zentralbanksystem, das für die Krise verantwortlich ist. Dieses Konzept ist bereits sozialistisch und marktfeindlich, denn es erhebt wertloses, ungedecktes Papiergeld staatlicherseits zur einzigen legalen Währung und verbietet jede Alternative (da nicht kontrollier- und besteuerbar). Die marktwirtschaftliche Alternative, die es in früheren Jahrhunderten immer gegeben hat, wurde in den letzten ca. 100 Jahren erfolgreich aus den Köpfen herausprogrammiert, und da der einfache Bürger von der Materie nichts weiter weiß und versteht, als was man ihm dazu eingeredet hat, kann er auch den Hintergrund der Manipulation nicht durchschauen.

Der totalitäre Staat kann nur über eine unförmig aufgeblähte Bürokratie und ein hochgezüchtetes Besteuerungswesen funktionieren. Er saugt mehr als die Hälfte aller von den Bürgern erbrachten Werte und Leistungen ab und verleibt sie sich ein. Das beste Bild, um diesen Vorgang anschaulich nachvollziehen zu können, ist die Wirkungsweise der Krebskrankheit. Der Tumor wuchert auf Kosten des gesunden Gewebes und der vitalen Lebensenergie des Wirtskörpers. Er schmarotzt mehr und mehr, bis der Wirtskörper vor Kraftlosigkeit verfällt.

Man kann sich nun fragen: Wie könnte Europa, bzw. hier in unserem konkreten Fall Deutschland, diese Staatskrake wieder loswerden? Genau das ist nicht mehr möglich, außer durch automatischen Kollaps des Regimes selbst. Das Regime müßte sich überlebt haben, und die überwiegende Zahl der Bürger müßte seiner völlig überdrüssig geworden sein. Die Menschen müßten einen ungebärdigen Freiheitsdrang haben, und sie müßten auch bereit ein, für ihre Loslösung vom Herrschaftsmoloch Opfer zu bringen.

Diese Voraussetzungen sind zur Zeit jedoch leider nicht gegeben — ganz im Gegenteil: der Ruf nach der Obrigkeit, der Ruf nach Fürsorge und Absicherung, er wird in den Zeiten des Euro-Kollapses nur umso lauter erschallen.

Viele Bürger sind, was die aktuell herrschende Mentalität betrifft, einem Mehr an Zentralismus und Kontrolle gar nicht abgeneigt. Selbst die mögliche Einpflanzung von RFID-Chips in den eigenen Körper wurde von einer erschreckenden Anzahl Befragter befürwortet, die sich damit ein höheres Maß an Bezahlkomfort versprechen.

LESEHINWEISE

— Umfrage: Große Mehrheit der Deutschen für sozialistischen Staat, rp-online, 15.3.2010
http://www.rp-online.de/politik/deutschland/Grosse-Mehrheit-der-Deutschen-fuer-sozialistischen-Staat_aid_832215.html

— Jeder vierte Deutsche würde sich Chip einpflanzen lassen, dnews netzwelt, 1.3.2010
http://www.dnews.de/nachrichten/netzwelt/187755/jeder-vierte-deutsche-wurde-sich-chip-einpflanzen-lassen.html

— Nur der implantierbare Mikrochip bietet Zugang zum VIP-Bereich, Ron Paul Blog, 12.3.2010
http://ronpaul.blog.de/2010/03/12/implantierbarer-mikrochip-hollaendischen-diskothek-8165781/

# VOM KONSUMIERENDEN SCHMAROTZER ZUM SKLAVEN

*Bei Lichte betrachtet ist der Leithammel auch nur ein Schaf.*

Ludwig Wittgenstein

## „EXISTENZANGST"

Das Elementarste beim Sklavendasein ist die Angst vor der Freiheit (also: der Selbstverantwortung, aber auch vor den eigenen positiven Möglichkeiten). Der normale deutsche Angestellte ist froh und dankbar, jemand über sich zu haben, der ihm sagt, was er tun soll. Dann braucht er sich nämlich nicht selbst zu überlegen, was er eigentlich am liebsten täte. Er kann immer jemand anderen „verantwortlich machen". Er macht also dann auch scheinbar keine Fehler (Fehler machen ja immer nur die „Verantwortlichen"). Daß er den größten und schlimmsten aller Fehler begeht — sein Leben zu verkümmern und damit auch sich selbst —, merkt er nicht. Außer daß er sich durchgehend schlecht fühlt: unzufrieden, unausgefüllt, ständig mit Dingen beschäftigt, die ihn an seiner Umwelt stören, unglücklich, ja neidisch und verbittert.

Den Begriff „Existenzangst" finde ich sehr bezeichnend: Diese „Existenzangst" ist eine Angst, zu existieren (selbst zu leben und Dinge zu initiieren und zu gestalten, und sich dabei auch gegen Widerstände durchsetzen zu müssen) — der Betreffende hat noch gar nicht angefangen, zu existieren, sondern will gleich in der Säuglingsrolle des Versorgten bleiben. In diesem Zusammenhang werden dann Fragestellungen von „Sicherheit", „Versicherung", „sichere Existenz", „Absicherung" usw. aufgebracht. Hier drückt sich die Angst vor dem Leben selbst aus. Es könnte ja etwas Unvorhergesehenes „passieren".

Je mehr Angst man hat, desto mehr Absicherung meint man zu brauchen, und je mehr Absicherung (z.B. in Form von Geld oder scheinbar sicherer Arbeit) man zu haben glaubt, desto größer wiederum die Angst, dies zu verlieren. Die Angst wird immer stärker und läßt sich nicht mehr ausräumen. Deshalb muß man immer noch mehr konsumieren und sich beschäftigen und ablenken, wenn es sein muß auch mit völlig unsinnigen Marotten, Hobbies und/oder Scheinproblemen.

Der Typus dessen, der nicht mehr selbst leben und handeln will, sondern konsumiert und schmarotzt, während er versorgt wird (erst von den Eltern, dann vom Staat und von der Obrigkeit), paßt perfekt zur heutigen Zeit und zur Wirtschaftskrise. Die Angst vor der Freiheit und vor dem Leben ist so groß, daß von vornherein auf Risiken verzichtet wird und man sogar bereit ist, sich komplett ausnutzen und ausbeuten zu lassen.

Natürlich ist das der Tod jeglicher Demokratie. Über jene Art von opportunistischen, verlogenen und eitlen Politikern zu schimpfen, wie man sie sich im Grunde selbst heraufbeschworen hat, gehört ebenfalls mit zum Spiel. Selbst dieses Schimpfen und Sich-Mokieren, wie es auch die neueren Formen der Fernseh- und Unterhaltungssatire kennzeichnet, ist wiederum bloß eine willkommene Möglichkeit, im Sumpf der Passivität zu verharren.


## Konvention — ein Modellversuch

Die folgende Beschreibung stammt aus einem YouTube-Film von Peter Zaza (5 Monkeys, *http://www.youtube.com/watch?v=KZeiSKnhOBc*).

*1. Nehmen Sie einen Käfig mit fünf Affen. Hängen Sie eine Banane an die Käfigdecke und stellen Sie eine Stufenleiter darunter. Es wird nun nicht lange dauern, bis ein Affe versuchen wird, die Leiter zu erklimmen, um an die Banane zu kommen.*

*2. Sobald der Affe die Leiter berührt, besprühen Sie alle Affen mit kaltem Wasser. Nach einer Weile wird ein anderer Affe versuchen, auf die Leiter zu steigen, mit dem selben Resultat. Alle Affen werden mit kaltem Wasser besprüht.*

*3. Stellen Sie das kalte Wasser nun ab. Falls später ein anderer Affe versuchen sollte, die Leiter zu erklimmen, wird er von den anderen Affen zurückgehalten werden, obwohl sie diesmal nicht besprüht werden.*

*4. Nehmen Sie nun einen der Affen aus dem Käfig und ersetzen Sie ihn durch einen neuen Affen. Der neue Affe sieht die Banane und wird versuchen, sie über die Leiter zu erreichen. Zu seinem Horror wird er von allen anderen Affen angegriffen. Noch ein Versuch und noch ein Angriff machen ihm klar, daß er beim Versuch, die Banane zu erreichen, verhauen wird.*

*5. Als nächstes nehmen Sie einen weiteren der ursprünglichen Affen aus dem Käfig und ersetzen ihn durch einen neuen Affen. Der Neue geht zur Leiter und wird sofort attackiert. Der zuletzt angekommene Neuling nimmt enthusiastisch an der Attacke teil.*

*6. Nehmen Sie nun noch einen der ursprünglichen Affen aus dem Käfig und ersetzen Sie ihn wieder durch einen neuen. Dasselbe Spiel wiederholt sich. Der Neue versucht an die Banane zu kommen und wird verprügelt. Zwei der vier Affen haben keine Idee, warum es ihnen nicht erlaubt war, die Banane zu holen oder weshalb sie an der Verprügelung des neuesten Affen teilnahmen.*

*7. Nachdem Sie nun auch den vierten und fünften Affen ausgetauscht haben, ist keiner der ursprünglich anwesenden, mit kaltem Wasser besprühten Affen mehr vorhanden. Trotzdem wird keiner der Affen je wieder versuchen, die Leiter zu erklimmen.*

*Warum nicht? Weil es, soweit sie sich erinnern können, hier schon seit jeher so gemacht worden ist!*

## DIE NEUE GLÄUBIGKEIT

Die alte Gläubigkeit hatte ihr festgefügtes Weltbild aus Kirche, König und hemmungsloser Projektion auf die bösen Feinde in Form von Aufklärern und Zweiflern. Die neue Gläubigkeit hat ein ebenso festgefügtes Weltbild aus Demokratie, Toleranz, Umweltschutz, Gleichberechtigung, Multi-Kulti und Fürsorgestaat. Die neuen Feinde, auf die genauso hemmungslos alles projiziert wird, was in einem selbst nicht verarbeitet und durch tieferes Verstehen aufgelöst wurde, sind die Zweifler und Aufklärer, die diese Indoktrination hinterfragen und dadurch in Gefahr bringen.

Der Reflex der Abwehr ist immer derselbe: komplett mechanisch, so wie das Augenlid zwinkert, wenn etwas ins Auge zu fliegen droht. Die neue Kirche ist eben nicht religiös, sondern „wissenschaftlich", und der neue König ist kein Adliger mehr, sondern irgendein aus dem Parteiapparat hochgespülter Wichtigtuer. Früher mußte sich der Adel durch luxuriöses Leben in

Schlössern, mit Kutschen, Pomp und Prunk hervortun; den heutigen schein-demokratischen Herrschern dienen sich Presse und Fernsehen an und erzeugen die Aura der Besonderheit und Auserlesenheit durch plakative Parolen oder durch Ausleuchtung, Kameraführung und andere hilfreiche Techniken.

Gläubigkeit als solche ist nie ein Thema — vielmehr ist sie das Haupt-tabu. Der moderne Mensch dünkt sich genau so kritisch, selbständig und autonom, wie er infantil, allen Beeinflussungen gegenüber offen und durch jedes hohle Gerücht lenkbar ist. Früher mußte man die Körper der Menschen unter Kontrolle bringen, heute geht das viel energiesparender, indem die Kontrolle bereits bei den Schaltkreisen im Gehirn ansetzt. Seit Maschinen programmierbar sind, werden auch Menschen programmiert.

Adressat der früheren Gläubigkeit war Gott, heute ist es der Gluckenstaat. Wurde früher dem Gott (oder den Göttern) geopfert, so wird heute ganz real an den Staat geopfert — mehr als die Hälfte der eigenen Lebenskraft wird an ihn abgetreten. Beide Male ist Angst das eine Motiv der Gläubigkeit und Spekulation auf Belohnungen und Hilfe das andere.

Die größte Bedrohung ist echte Freiheit; am meisten verhaßt sind Menschen, die frei leben, frei denken und frei fühlen. Jeder Freie wirft das Kollektiv der Angepaßten und der Mitläufer unangenehm auf sich selbst zurück und löst heftigen Neid aus.

An der Angst vor der Freiheit, nämlich vor der Freiheit eines selbstgestalteten, in ganzer Selbstverantwortung gelebten Lebens, hat sich von damals auf heute nicht das geringste geändert. Eher gibt es sogar noch einen Rückschritt, nämlich als Tendenz zu noch mehr Versorgungsanspruch, noch mehr Schmarotzertum und noch mehr gleichgeschaltetem Denken innerhalb der Schafherde der Gläubigen. Der von der modernen technisierten Zivilisation Versorgte braucht keinen Mut mehr, sondern konsumiert dankbar den Komfort seines Versorgtseins, genau wie Kühe auf der Weide ihr Gras zupfen und sich dann am Abend widerstandslos melken lassen. Charakterliche Verkümmerung ist die fast zwangsläufige Folge.

## KÄFIGHALTUNG

Gläubige Mitläufer sind praktisch vollständig auf eine Außenstimulation konditioniert. Sie sind dazu erzogen und geprägt, wie Tiere in einer Farm gehalten und ausgenutzt zu werden. Irgendeine obrigkeitliche Instanz regelt ihre Existenz. Man stellt ihnen ihre Arbeitssituation zur Verfügung: ihren „Legehennenplatz". Um dessen himmelschreiende Unnatürlichkeit zu kompensieren, gewährt man ihnen für den Rest der Zeit, genannt „Freizeit", die bestmögliche Unterhaltung und lenkt sie damit ab. Am Ende werden sie erbarmungslos geschlachtet.

Die ganze Konstellation des passiven Hinnehmens spiegelt sich in den Unterhaltungsritualen der heutigen Mediengesellschaft wieder: Da gibt es einen Showmaster, der Gäste, irgendwelche Prominente, einlädt. Unsichtbar im Hintergrund läuft eine Regie, die alles, bis hinein in die Gesprächsthemen und sogar in einzelne Formulierungen, genau vorausgeplant hat. Musik spielt auf. Das Publikum, also die mengenmäßig weit überwiegende Mehrheit der Beteiligten, sitzt passiv da und reagiert auf jede Einzelheit mehr oder weniger amüsiert. Auf der Bühne wird dann etwas gesungen oder gesprochen, oder es gibt irgendwelche gymnastischen oder sonstigen Einlagen.

Die Zuschauer identifizieren sich mit den Akteuren im Rampenlicht. Sie bilden sich sogar ein, sie würden alles das, was dort vor sich geht, selbst erleben. Wozu also noch selbst etwas tun? Es ist ja alles viel intensiver, schöner, bunter und lebendiger als in ihrem eigenen Leben! Und vor allem: viel risikoloser!

Tatsache ist aber: Sie erleben gar nichts. Sie verfallen in Tiefschlaf. Was sie selbst erleben, ist bloß ein Betrug, der dazu führt, daß sie nicht merken, wie sie mehrere Stunden auf ein und demselben Stuhl sitzen und ihnen der Hintern immer heißer wird und ihre Körperfunktionen an Vitalität immer mehr abnehmen. Sie werden regelrecht leergesaugt. Sie sind hypnotisiert und vegetieren in einer künstlich vorgegaukelten Traumwelt. Sie haben ihre Seele verraten und verkauft.

Die dort vorne auf der Bühne interessieren sich nicht im geringsten für sie. Sie streichen alle Vergünstigungen nur selbst ein: Geld, Berühmtheit, Lebendigkeit, Zuneigung und prickelndes erotisches Erleben. Ihre Wachheit, ihre Energie und ihre Vitalität beziehen sie von den anderen, von den dumpfen, blöden Zombies, die ihnen all das kostenlos überlassen.

Genau dasselbe in der Politik. Die Fädenzieher stellen das Schauspiel bereit. Das Publikum bildet sich „Meinungen"; Kriterien sind: eigene Bequemlichkeit, Unterhaltungsfaktor und weiterer Privatnutzen. Auch hier wird immer nur reagiert. Eingreifen kann man schon längst nicht mehr. Hier bekommen die Akteure im Scheinwerferlicht von den Zombies kostenlos überantwortet: Macht, Berühmtheit, Reichtum, Einfluß, Prestige und ebenfalls wiederum: das Geld der anderen. Auch hier funktioniert die „Käfighaltung" der Masse perfekt, so perfekt wie noch nie in der ganzen Menschheitsgeschichte.

Denn der Käfig ist ein geistiger; man erspart sich sogar komplett das Bauen von Zäunen. Zäune würden außerdem bloß mißtrauisch machen und auf falsche Gedanken bringen. Die Käfigwände bestehen aus den Gedanken, die der Masse einsuggeriert werden, genauer: aus bis zum Überdruß wiederholten Grundideen, Vorstellungen und Vorurteilen. Noch nie zuvor hat es solch eine subtile Form der Versklavung gegeben. Die Sklaven brauchen nur genügend bequem zu sein, und ihre Furcht vor geistiger Selbständigkeit und Freiheit braucht nur groß genug zu sein — dann bleiben sie sogar noch freiwillig in ihrem Käfig.

LESEHINWEISE

— „Verbraucher sind froh, wenn man sie entmündigt", spiegel-online, 12.5.2010
    *http://www.spiegel.de/wirtschaft/soziales/0,1518,694434,00.html*

# Das Rattenrennen der Betrogenen

Mit zunehmender Verschärfung der Krise kommt es vermehrt zu Verteilungskämpfen. Politiker und Mainstreammedien ist dies nicht unwillkommen, lenkt es doch die Aufmerksamkeit immer auf Nebenschauplätze: Hartz-IV-Regelwerk und Höhe der jeweiligen Zahlungen, Faulheit oder Arbeitsbereitschaft der Sozialempfänger, Reich gegen Arm, Ausländerproblematik (Stichwort „Integration"), Lebensstil der anderen europäischen Völker, Norden gegen Süden, Arbeitsdisziplin gegen Lebensgenuß, mehr oder weniger Zusammenhalt und Solidarität unter den Europäern usw. Die politische Debatte kreist zunehmend um alle neuen Formen des Abkassierens: Steuer- und Gebührenerhöhungen, Steigerungen bei Energiepreisen, Lebensmittelpreisen und Mieten, Rentenproblematik und Altersvorsorge, unfinanzierbares Gesundheitssystem, Bankrott der Kommunen sowie systematische Reduzierung aller öffentlichen Angebote (Bildung, Theater, Büchereien, Schwimmbäder usw.).

Die Grundsituation läßt sich vergleichen mit einem Raum, in dem sich viele Menschen aufhalten und aus dem nach und nach der Sauerstoff abgesaugt wird. Es gibt immer einzelne, deren Zustand als erster kritisch werden wird, und es wird nach und nach auch Kämpfe um den besten Platz im Raum geben: die Stärkeren werden sich die besseren Stellen aussuchen, und die Schwächeren werden an den schlechteren Stellen landen, und dann werden die Schwächeren versuchen, sich doch noch einen besseren Platz zu erkämpfen. Der Druck steigt, und je mehr er in Panik umschlägt, desto eher wird es zu Gewaltausbrüchen kommen.

Durch den Streit verbrauchen dann alle nur noch mehr Luft. Außerdem sind sie völlig von der eigentlichen Ursache abgelenkt. Es bilden sich Gruppen, die auf wiederum andere Gruppen losgehen — betrogen um die Atemluft ist jeder gleichermaßen.

All dies geschieht ganz zwangsläufig, denn es stellt eine gesetzmäßige Reaktion auf das zugrundeliegende Umverteilungskonstrukt, also hier: unser Geldsystem, dar. Die Menschen, die in dem Raum verzweifelt um ihr Überleben kämpfen, haben keinerlei Ahnung, was außerhalb des Raumes geschieht: nämlich daß dort welche sind, die ihnen den Sauerstoff entziehen. Sie verstehen den Anlaß und den Hintergrund ihrer Misere nicht einmal in Ansätzen.

## VERSTÄNDNISBARRIEREN

Diejenigen, die intelligent genug wären, um den eigentlichen Sachverhalt herauszufinden und für neue Luftzufuhr zu sorgen, unternehmen nichts dergleichen: die sogenannten „kritischen Intellektuellen" — ihrem Selbstverständnis nach eigentlich der Aufklärung und der unbestechlichen Einsicht in Sachzusammenhänge verpflichtet —, tun nichts, um die Ursache des Problems aufzudecken. Wir sind schon darauf eingegangen, daß Links-intellektuelle eher zu sozialistischem Gedankengut tendieren, und genau darin liegt das tiefere Hindernis, das echter Aufklärung entgegensteht. Denn wie schon beschrieben ist es gerade der Sozialismus, der das System unge-deckten Geldes favorisiert. Dem momentaten Zeitgeist entsprechend wer-den dann alle anderen Stimmen, die sich abweichend zu diesem Thema arti-kulieren, als „rechts" gebrandmarkt und, insbesondere in Deutschland, mit der wohlfeilen Nazi-Keule mundtot gemacht.

Die große Masse wiederum wird erst verstehen, wenn das System kolla-biert und wenn sie die Folgen seines Zusammenbruchs am eigenen Leibe erlebt. Alle vorher ablaufenden Verteilungskämpfe sind nur Teil des Ratten-rennens, und die wachsende Empörung immer größerer Teile der Bevölke-rung ebenfalls. Solange die Mehrheit nicht merkt, wo der Hase eigentlich im Pfeffer liegt, wird sich auch nichts ändern.

## LESEHINWEISE

— Der Klassenkampf hat begonnen, Markus Gärtner, 9.12.2010
  *http://blog.markusgaertner.com/2010/12/09/der-klassenkampf-hat-begonnen/*
  Zu den gewalttätigen Massendemonstrationen in London mit 50.000 Teilnehmern:

  *Es war eigentlich vorhersehbar, wie auch Gerald Celente sagt. Wenn die erste Runde von Sti-muluspaketen ausläuft und die ersten Grausamkeiten der neuen Sparpolitik durchgesetzt wer-den, kann es in Europa – und möglicherweise in den USA – zu einem Aufruhr kommen. Man muß eigentlich erstaunt sein, daß es so lange gedauert hat, nicht, daß es so kommt.*

# DEN RICHTIGEN ZEITPUNKT DES HANDELNS FINDEN

*Sei du selbst die Veränderung, die du dir wünschst für diese Welt.*

Mahatma Gandhi

Jeder braucht irgendwann einen Arschtritt, um zu merken, daß er sofort handeln muß und nicht länger warten darf. Zwar habe ich schon vor mehr als einem Jahr intensive Vorbereitungen auf die kommende Krise getroffen, aber nun ist mir aufgefallen, daß diese nicht mit der nötigen Intensität und Konsequenz erfolgt waren. Ich nahm also das Gerücht um eine bevorstehende Währungsreform als Anregung zu einer Art „Spiel". Ich machte gründlich Inventur und überprüfte, was noch alles zu tun und zu erledigen wäre. Dabei ergaben sich eine Reihe von wertvollen Aufschlüssen, die ich hier rekapitulieren möchte:

## DIE MAINSTREAM-MEDIEN WERDEN DIR NICHT HELFEN!

Die Medien präsentieren sich gerne als wohlwollende Partner des Lesers oder Zuschauers. Als würden sie tagein tagaus fleißig an ihren Berichten arbeiten, damit ihre Leser und Zuschauer besser informiert wären und daraus dann auch einen entsprechenden Nutzen ziehen könnten. „Aufklärung" ist immer noch ein beliebtes Schlagwort. Ist dieser ganze Aufwand nicht unglaublich nett von ihnen?

Verschwiegen und vergessen wird immer, welchem Zweck das Geschriebene und Publizierte dient. Dient es wirklich der Aufklärung? Nein. Das Allerletzte, was die Mainstream-Medien interessiert, ist Ihr Wohlergehen! Nein, dafür müssen Sie schon selbst sorgen.

Nehmen wir den drohenden Währungscrash mit völliger Geldentwertung, mit Haircut und Währungsreform und dergleichen. Noch bis zu dieser Sekunde haben die Mainstream-Medien nicht das geringste Interesse daran, ihre Leser über die drohende Gefahr aufzuklären. Aber sobald es dann soweit ist, werden sie großes Tamtam machen und versuchen, Ihnen auch damit noch via Zeitungs- und Fernsehgebühren und Werbeeinnahmen Ihr Geld abzuknöpfen. Je sensationeller die Katastrophe, desto besser klingelt die Kasse. Das ist ja schließlich deren Geschäft, bzw. das Geschäft der mit den Medien Hand in Hand arbeitenden Politiker und Wirtschaftskreise.

Glauben Sie bloß nicht, die wären an Ihnen interessiert! Die kennen Sie nicht mal, und die wollen Sie auch nicht kennen. Sondern die interessieren sich nur dort für Sie, wo sie von Ihnen profitieren können (an Ihr Geld, also Ihre Arbeitsleistung oder alle vier Jahre an Ihre Wahlstimme gelangen können).

Es ist deshalb pure Dummheit, sich auf derartige Instanzen zu verlassen und denen zu vertrauen, statt für das eigene Auskommen und die eigene Sicherheit zu sorgen. Selbst wenn dort noch so „seriös" getan wird und noch so freundlich ins Scheinwerferlicht gelächelt wird. Der ganze Apparat an Wichtigkeit und Bedeutsamkeit, in den Millionenwerte investiert werden, damit er noch glänzender und beeindruckender ausschaut, dient nur dazu, *Sie von Ihren eigenen Interessen abzulenken und Ihnen eine falsche Kulisse vorzugaukeln.* Alles soll hochexklusiv, absolut richtig und durch jegliches Expertentum untermauert erscheinen, und für Glamour, Prunk und Unterhaltung werden nochmals Millionen und Millionen ausgegeben (übrigens — wessen Millionen sind das wohl?). Dabei besteht der eigentliche Job dieser Leute einzig und allein darin, das Publikum zu täuschen und an der Nase herumzuführen. Und darin sind sie in den letzten Jahren und Jahrzehnten immer professioneller und raffinierter geworden.

Es gibt von Reinhard Mey, der sich noch nicht hat kaufen lassen, dazu ein gutes Lied: *Sei wachsam!* Darin entlarvt er die Heuchelei derjenigen, die angeblich so sehr um unser Wohlergehen besorgt sind, mit präzise treffenden und unter die Haut gehenden Worten. (Das Lied findet man leicht im Internet als Text und bei YouTube.)

## DON'T PANIC! — BUT IF YOU PANIC, PANIC FIRST!

Es gibt den schönen Spruch: *„Don't panic! — But if you panic, panic first!"* Das mag vielleicht lustig klingen, aber es steckt noch eine ganze Menge an weiterem Hintersinn dahinter. Die wichtigste Erfahrung: Um rechtzeitig zu handeln, ist ein Vielfaches an Energie und Einfallsreichtum nötig, als wenn man zu den später Reagierenden gehört, ganz zu schweigen von denen, die unter weiterer Verzögerung erst mit der großen Masse reagieren. Mehrfach habe ich in diesen Tagen erlebt, wie ich zu spät gekommen bin — obwohl ich immer noch viel früher und direkter gehandelt habe als die allermeisten. Es gehört wirklich ein gerütteltes Maß an Geistesgegenwart, Entschlossenheit, Hingabe und Wille dazu, um rechtzeitig am richtigen Platz zu sein.

## DIE GROSSE MASSE VERSTEHT ÜBERHAUPT NICHTS

Es ist nun mal so: Die große Masse versteht überhaupt nichts. Die ist so einfältig und weggetreten, daß es eine große Stärke braucht, um sich dieser erschreckenden Tatsache überhaupt zu stellen und sie ohne Beschönigung geradewegs anzuschauen und mit ihr zu leben. Wer sich an der Majorität orientiert, wird niemals den richtigen Zeitpunkt zum Handeln finden, und er wird auch nicht die nötige Entschlossenheit aufbringen, von der oben die Rede war.

Um das Verhalten der Masse genauer zu studieren, geht man am besten in die Einkaufszone einer Großstadt und beobachtet einmal in Ruhe das Verhalten der Konsumierenden. Das allermeiste, was sie kaufen, ist lächerlich nutzlos. Selbst unverdorbene Kinder wären nicht so infantil, sich mit einem derart absurden Krempel und Tand zu beladen. Man kann auch in eine der gängigen Zeitungen schauen — und es ist ganz egal, ob es sich dabei um dümmliche Massenblätter wie die „Bild" oder um dünkelhaft hochgestochene Intellektuellenblätter wie die „Süddeutsche" oder die „Zeit" handelt: überall findet sich eine haarsträubende Ablenkung durch irgendwelche Banalitäten (der Busen der Schaupielerin X oder die ach so wichtige Kameraeinstellung in irgendeinem Film Y). Menschen, die in solchen Welten leben, können nie und nimmer adäquat handeln, sondern vegetieren nur noch in Traum und Hypnose. Sie sind zur bloßen Manövriermasse des herrschenden Systems verkommen.

## FREIHEIT

Die meisten Menschen verstehen allein schon den Begriff „Freiheit" nicht mehr bzw. verstehen ihn völlig falsch. Ich nenne deren Vorstellung von Freiheit: die Wahlmöglichkeit zwischen verschiedenen Fernsehprogrammen, Parteien, Kaufprodukten oder Fast-Food-Anbietern. Wahl zwischen Worten aus drei bis maximal zehn oder zwölf Buchstaben. Der Konsummensch kennt Freiheit nicht, und er will auch keine. Im Grunde seines Herzens haßt er sie. Denn sie bedeutet, daß er mit vollem Wagnis leben muß, Risiken eingehen muß, Verantwortung übernehmen muß. Das will er nicht — und deshalb leben wir in einer Gesellschaft der Schafe. Schafe werden geschoren und am Ende geschlachtet. Wer sich selbst zum Schaf macht, muß das in Kauf nehmen.

Das ganze philosophische oder psychologische Hin-und-Her-Argumentieren über Freiheit beschreibt nur eigene Feigheit und Flucht vor dem Leben. Zu meinem Verständnis von Freiheit gehört, auf keinen einzigen mehr zu hoffen oder zu warten, der an Aktion und Konsequenz nicht interessiert ist. Auch nicht, Zahlen zu zählen und Gruppen bilden zu wollen. Es geht immer nur um einen selbst. Die anderen sind absolut irrelevant. Nähme man die auch nur irgendwie wichtig, wäre man schon geschwächt (und unfreier geworden).

## DIE EIGENE WÜRDE UND SELBSTACHTUNG WIEDERGEWINNEN

Aus dem Teufelskreis des bloßen Reagierens zu entrinnen, ist immer etwas Individuelles. Das Individuum, das dies zustandebringt und so die eigene Freiheit wiederherstellt, ist die Keimzelle jeglicher gesellschaftlicher Freiheit. Wer agiert und nicht reagiert, findet zu seiner Selbstachtung und seiner ursprünglichen Positivität zurück.

Am Anfang mögen Frust und Wut stehen: Wer das Gebaren der maßgeblichen Politiker in unserem Land in letzter Zeit mitverfolgt und noch mit einem Rest an Gerechtigkeitsempfinden und Realitätssinn begabt ist, kann ja nur entsetzt und schockiert reagieren. Und doch muß man aus diesem Loch der Negativität herauskommen und aktiv Konsequenzen ziehen. Diese Konsequenzen müssen nicht perfekt sein, denn keiner kann alles im Detail vorhersehen — aber die bloße Tatsache, daß man anfängt, sich selbst zu helfen und das Mögliche sofort anzugehen, stößt eine positive innere Rückkopplung an. Es ist dann sogar möglich, mitten in der immer finster werdenden äußeren Lage einen freudigen Elan zu verspüren. Auf eine womöglich noch ungewohnte Weise betritt man Neuland und wird zum Pionier: nämlich sowohl innerlich, in Form von Mut und geistiger Selbständigkeit, als auch äußerlich, durch Erkunden neuer praktischer Wege und Lösungsmöglichkeiten. Das dadurch ausgelöste Selbstvertrauen ist etwas, auf dem sich dann tagtäglich aufbauen läßt. Und selbst wenn man für Phasen wieder in Resignation und Düsternis versinkt, kann man sich an den Unterschied erinnern und kann sich durch neue, konstruktive Aktion in eine bessere Stimmung versetzen.

Der Zeitpunkt des Handelns ist meiner Beobachtung nach jetzt gekommen. Selbst wenn es für manches schon zu spät ist: Es ist immer noch viel besser, nun das zu tun, was endlich getan werden muß, statt sich im allgemeinen Geplärr und Gejammer zu verlieren und zum hilflosen Spielball eines menschenverachtenden Systems zu werden.

# EPILOG

Und nun? Was ist jetzt mit dem im Titel als Lösung angekündigten Thema „echtes Marktgeld"? Ist hier nicht bloß andauernd die Rede vom Falschgeld gewesen? Wo aber bleibt der große Gegenentwurf?

Das Eingangszitat, das diesem Buch vorangestellt ist, faßt unsere Situation genau zusammen: Wir haben es mit einem Verbrechen zu tun. Detektivische Arbeit ist gefragt. Nähere Untersuchung des Verbrechens erbringt das Ergebnis, daß es sich um einen Betrug von solchem Ausmaß handelt, daß Begriffe wie „Größter Schwindel seit Menschengedenken" nicht unberechtigt sind. Um sich dieses Ausmaß auch nur annähernd vorstellen zu können, muß man sich klarmachen, daß die aktuelle Version des Falschgeldsystems vor kurzem auf Jekyll Island ihr hundertjähriges Jubiläum gefeiert hat. Nach der Gründung folgte ein Weltkrieg, auf diesen die größte Rezession der Wirtschaftsgeschichte, darauf wiederum ein Weltkrieg. Es läßt sich nicht leugnen, daß das System des ungedeckten Papiergeldes mit diesen einschneidenden Ereignissen in engem Zusammenhang steht. Auch das Wirtschaftswachstum nach den Kriegen, das Einbinden der Menschen in der westlichen, nachher auch in der östlichen Hemisphäre (siehe das Beispiel Japan, mittlerweile auch China und Indien) ist in seiner Dynamik hiervon geprägt. Inzwischen leben alle modernen Kulturen in einer Wohlstandsblase, die jeden Moment platzen kann.

Die erste Aufgabe, wenn Aufklärung gefragt ist, besteht in der Aufdeckung der verborgenen Zusammenhänge. Auf einmal zeigt sich ein neues Bild. Krankheit und Gesundheit, Lüge und Wahrheit, echte Leistung und bloß vorgetäuschte Leistung können besser unterschieden werden.

Dieser Prozeß kann durch Einsicht, er kann aber auch durch den katastrophalen Kollaps eines Lügenkonstruktes befördert werden. Das „Ob" steht nicht in Frage, sondern nur das „Wie". Wie schon beschrieben kann der Kollaps statt zu einer gesunden, harmonischen Entwicklung auch zu einer alptraumartigen, technologisch hochentwickelten Form der Diktatur und Tyrannei führen. Statt wertgedecktem Geld ist auch eine Verabsolutierung des bargeldlosen Falschgeldes möglich. In den USA werden bereits Werbefilme zur Einführung eingepflanzter RFID-Chips gezeigt, gesponsert von der Gesundheitsindustrie. Denkt man ein paar Jahre weiter, so ist der nächste Schritt, nämlich die computerbasierte Verwaltung eines persönlichen, vom Staat kontrollierten Geldkontos kein Science-fiction-Horrorfilm, sondern drängt sich geradezu auf — sofern man nur auf dem bereits jetzt eingeschlagenen Weg einer zunehmenden Überwachung und Vereinnahmung des Einzelwesens Mensch fortfährt. Die Firma Hitachi produziert schon heute staubkorngroße Chips mit einer Größe von nur noch 0,05 mm × 0,05 mm. Durch entsprechende Lesegeräte können dann die Daten des betreffenden Trägers sogar aus einer Distanz, z.b. wenn er an einer Schranke vorbeigeht, ausgelesen werden. Das Falschgeld wird dann quasi zu einem Teil der Identität dieses „Neuen Menschen". Wer sich diesem System fügt, erhält Komfort und darf seine Konsumwünsche befriedigen, alle anderen werden zu einer Minderheit von Gesetzlosen und Benachteiligten.

Echtgeld ist frei, ist die Abwesenheit dieser krankhaften, die Menschenwürde immer mehr verkümmernden Auswüchse. Es ist, wie schon gesagt, kein Konzept, sondern es ist die Freiheit von künstlichen Tricks und Konstrukten. Abwesenheit von Krebs ist: unzählige Arten von Gesundheit, Abwesenheit von Betrug ist: unzählige Arten von Rechtschaffenheit. Um ein gesundes, ehrliches, unverfälschtes Miteinander, gerade auch bei finanziellen Transaktionen und bei allen Vorgängen eines freien Marktes, zu erreichen, muß man den Betrug kennen. Er muß offenkundig geworden sein; er muß sich völlig diskreditiert haben. Dann öffnet sich der Raum wieder, und jeder kann aufatmen und seine Chance ergreifen, das ihm selbst Gemäße zu tun.

Ein Sherlock Holmes, dessen persönliche Leidenschaft es ist, Verbrecher zu entlarven und ihrer gerechten Strafe entgegenzuführen, braucht kein Alternativmodell einer guten und gerechten Gesellschaft zu entwerfen. Verbrecher hecken ihre komplizierten Tricks aus und versuchen sie zu verheimlichen; der Detektiv und Aufklärer hingegen bringt Licht ins Dunkel und trennt den Knoten, den sein Gegenspieler gebunden hat, wieder auf. Auch ein Sherlock Holmes hat seinen Ethos, seine Werte, seine Liebe, aber er spricht nicht darüber und macht daraus kein Programm.

Der freie Mensch, wie er z.B. in der Verfassung der USA proklamiert ist, gestaltet sein Leben in eigener Verantwortung und läßt sich von keinem System vereinnahmen. Eine Verfassung, die sich freie Menschen geben, wird immer das Recht und die Würde des einzelnen gegenüber einem Überstaat, und gäbe sich dieser noch so menschenfreundlich und fürsorglich, schützen und für unverletzlich erklären. Deshalb wird diese Verfassung ihren freien

Bürgern auch die volle, uneingeschränkte Geldhoheit zubilligen, anstatt sie zu Hamstern im Hamsterrad eines übergeordneten Systems werden zu lassen.

Gerd-Lothar Reschke,
Das ZEITGEFÜHL-Uhrenbuch — Entdecken Sie das Geheimnis hinter
hochwertigen mechanischen Armbanduhren

Dieses Buch ist eine Liebeserklärung an die hochwertige mechanische Arm-
banduhr. Es macht nachvollziehbar, worin die ungebrochene Stärke der klassischen Uhr besteht, und warum diese traditionelle Handwerkskunst auch
im Zeitalter der Moderne weder von Chip-Technologie noch von massen-
produzierten Billigprodukten ersetzt oder verdrängt werden konnte.
Eigentliches Thema des Buches aber ist: Diese Uhren können als Vehikel für
Wertschöpfung angesehen und genutzt werden, als Mittel, um sich selbst
etwas Gutes anzutun, als eine Art Spiegel, mit dem Menschen sich ihren
eigenen Wert in Form eines schönen, wertvollen Gegenstands selbst zurück-
spiegeln können.
Interessante Geschichten und Hintergründe zu den wichtigsten Uhrenmar-
ken, Beiträge zur Psychologie des Individualluxus, überraschende Reflexio-
nen zu Zeit und Zeitverständnis sowie zahlreiche Abbildungen erwecken ein
tieferes Verständnis dafür, weshalb wir von der Welt der mechanischen
Uhren viel mehr lernen können als gemeinhin bekannt.

Engelsdorfer Verlag,
442 Seiten, Broschiert, 39,00 Euro,
196 Abbildungen, davon 68 in Farbe,
ISBN 3-938607-61-0

**Gerd-Lothar Reschke,**
IDEENMAGAZIN

Das IDEENMAGAZIN bietet das, was der heutigen deutschen Kulturlandschaft so kläglich abgeht, in Hülle und Fülle: Scharfe, pointierte Anregungen zum Dahintersehen, zum Nachdenken und Selberdenken.

Es knüpft lückenlos dort an, wo die deutsche Klassik vor etwa zweihundert Jahren aufgehört hat: Sprache so einzusetzen, daß Worte noch etwas bedeuten, weil sie mit dem authentischen Sein und Fühlen der Menschen in Kontakt stehen.

Engelsdorfer Verlag,
715 Seiten, Broschiert, 32,00 Euro,
ISBN 3-937930-47-7

**Gerd-Lothar Reschke,**
**Schamane in Deutschland**
**I: Wirk-Gilde**

Selbsterkenntnis ist die älteste Religion der Menschheit und zugleich die neueste und aktuellste.

In Deutschland Schamane zu sein bedeutet nicht, hier irgendwelchen spiritistischen Unsinn zu importieren, sondern sich auf klare und ehrliche Weise mit den tieferen Grundlagen des praktischen, alltäglichen Lebens auseinanderzusetzen und auf die entscheidenden Fragen dieses Lebens befriedigende Antworten zu finden.

Dazu vermittelt dieses Buch eine unverzichtbare Orientierungshilfe.

Engelsdorfer Verlag,
330 Seiten, Broschiert,
18,00 Euro, ISBN 3-937930-62-0

## Weitere Bücher:

— Gerd-Lothar Reschke, Schamane in Deutschland,
   II: Weg-Logbuch „Sei nie wieder derselbe", Band 1 und 2
   Engelsdorfer Verlag, 820 Seiten, ISBN 3-937930-63-9, 760 Seiten, ISBN 3-937930-64-7

— Gerd-Lothar Reschke, Schamane in Deutschland, III: Reines Sein
   Engelsdorfer Verlag, 513 Seiten, ISBN 3-938288-14-0

— Gerd-Lothar Reschke, Nichts. Logbücher 8.2001 – 4.2004
   Engelsdorfer Verlag, 578 Seiten, ISBN 3-86703-172-X

— Gerd-Lothar Reschke, Der Vorgang der Selbsterkenntnis — Logbuch 5.2004 – 11.2005
   Engelsdorfer Verlag, 602 Seiten, ISBN 3-939144-92-4

— Gerd-Lothar Reschke, Selbsterkenntnis und die Freisetzung der Lebenskraft —
   Logbuch 12.2005 – 2.2006
   Engelsdorfer Verlag, 285 Seiten, ISBN 3-939404-61-6

— Gerd-Lothar Reschke, Selbsterkenntnis und die Erfahrung der Leere —
   Logbuch 3.2006 – 12.2007
   Engelsdorfer Verlag, 606 Seiten, ISBN 978-3-86703-016-8

— Gerd-Lothar Reschke, In einer anderen Dimension — Angewandte Selbsterkenntnis
   Engelsdorfer Verlag, 414 Seiten, ISBN 978-3-86703-906-2

## Weitere Informationen auf folgenden Webseiten:

— www.radio-reschke.de
— www.selbsthilfe-wiki.com
— www.schamanenschule.de